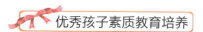
优秀孩子素质教育培养

成就孩子一生的
50个细节

周 周◎编著

北京联合出版公司
Beijing United Publishing Co.,Ltd.

图书在版编目（CIP）数据

成就孩子一生的50个细节 / 周周编著. —— 北京：
北京联合出版公司，2014.11（2022.1重印）
（优秀孩子素质教育培养）
ISBN 978-7-5502-4091-9

Ⅰ．①成… Ⅱ．①周… Ⅲ．①素质教育-青少年读物
Ⅳ．①G40-012

中国版本图书馆CIP数据核字(2014)第268823号

成就孩子一生的50个细节

编　著：周　周
选题策划：大地书苑
责任编辑：徐秀琴　昝亚会
封面设计：尚世视觉
版式设计：李　霞

北京联合出版公司出版
（北京市西城区德外大街83号楼9层　　100088）
北京一鑫印务有限责任公司印刷 新华书店经销
字数200千字　710毫米×1000毫米　1/16　12印张
2019年4月第1版　2022年1月第3次印刷
ISBN 978-7-5502-4091-9
定价：49.80元

目录

第3章 生活细节

第4章 社交细节

品格细节

　　诚实、谦虚、勤俭、守信、孝顺……当我们要求他人具备这些良好的品格时，不要忘记，首先要从小事中培养和完善自己的这些品格，因为它们本身所具有的力量将使我们受益终生。

01

向国旗敬礼

XIANG GUO QI JING LI

　　一个贫苦的意大利少年正在回家的路上，他脸色苍白，衣衫褴褛，秀气的脸上透着一股让人怜惜的哀伤。船上同行的三个西班牙人很可怜他，给了他几枚硬币，希望能对他有所帮助。

　　看到硬币，少年的脸上露出欣喜之色，他怀着感激之情接受了这份帮助，但是，转身的工夫，那三个西班牙人却在不经意的聊天中批评起意大利来。

有一个人说："与其到意大利，还不如到北极，意大利满街都是骗子和土匪。"另一个人则说："意大利的官吏目不识丁。"

第二个人的话还没说完，忽然几个硬币向他们砸来，三个西班牙人暴跳如雷，抬头一看，原来是那个少年在向他们掷硬币。

"把你们的臭钱拿回去！"少年的脸因为气愤而涨得通红，他大声吼道，"你们这些可恶的家伙，竟敢侮辱我的祖国！我不会要你们一分钱的！"

贫苦的少年人穷志不穷，尽管饥寒交迫，可是在他的心中仍然深深地爱着自己的祖国，当有人侮辱他的祖国时，他毫不犹豫地将硬币砸向了他们。每个人都应该有民族意识，热爱自己的祖国，无论何时何地，都不要忘了自己的祖国。

爱国就是对祖国的忠诚和热爱。爱国的内容十分广泛，热爱祖国的山河，熟悉民族的历史，关心祖国的命运等，都是爱国的表现，这其中就包括尊敬、热爱我们的国旗——五星红旗。

记得国旗在奥运竞技场上飘扬时，运动员眼中闪动的泪光吗？记得登山队员在珠穆朗玛峰上插上国旗时，脸上洋溢的自豪吗？国旗——国家和民族最真实的灵魂，叫人怎么能不热爱它呢？

然而，学校每周一举行的升旗仪式上，总是能看见有些同学要么忘了戴红领巾，要么懒洋洋的，完全不在状态。对他们来说，参加升旗仪式好像仅仅是学校强加给自己的一项任务，他们

将升旗时需要的爱国热情完全丢在了一边。这是多么可悲呀！如果你在升旗时也有过懒散的想法，现在就要严肃地正视升旗仪式。因为只有感受到国旗升起时的那一份自豪，才能让爱国的热情常驻心田。要知道，少年兴则国兴，少年强则国强。我们只有从小培养自己的爱国情感和振兴祖国的责任感，树立民族自尊心与自豪感，才能真正把爱国之志变成报国之行！

　　所以，等到下一次参加升旗仪式的时候，请你一定要记住：

　　庄严地向国旗敬礼，在心里默默立下为祖国的强盛而奋斗的志向。

做一做

从小培养自己的爱国情感：

★升国旗时，少先队员要敬队礼，不是少先队员的同学要行注目礼。

★自觉了解祖国的历史和现状，通过影视节目、历史故事等，让自己了解祖国所经历的光辉和苦难，增强对祖国的热爱之情。

★国旗、国徽和国歌是祖国"母亲"的象征。勇敢捍卫国家的荣誉与尊严，当有人攻击和侮辱我们的国旗、国徽、国歌时，要挺身而出，坚决与之作斗争。

★多参观我们国家的名胜古迹，如长城、兵马俑等，听导游讲解或者查询有关古迹、文物的由来，增强民族自尊心和自豪感。

第**1**个细节
向国旗敬礼

唱一唱

升国旗

朝阳中，
太阳下，
奏国歌，
升国旗，
大家都行注目礼。
朋友们，
准备好，
用自己的知识和力量，
装扮祖国河山更美丽。

5

02

遵纪守法，做个好公民

ZUN JI SHOU FA ZUO GE HAO GONG MIN

　　我们共同生活在一个和谐的社会，形形色色的人构成了这个社会的主体。但是，偏偏有一些人为了自己的利益而做一些伤害他人的事情，这就需要用法律和法规来限制和惩治这些违法行为。因此我们每一个人都必须遵纪守法。然而，很多已犯罪的未成年人在进了监狱后，还不知道自己犯了什么错，他们是多么无知呀！

　　作为小学生，特别是独生子女，不要以为有长辈呵护自己就可以为所欲为。

小的时候不懂得掌握一些基本的法律知识，等有一天犯了错误就悔之晚矣。

张洋从小在家里就要风得风、要雨得雨，稍有不如意或者没满足他的愿望，他就在地上打滚儿哭闹。有一次他向爸爸索要音乐气枪和遥控飞机，可是爸爸觉得这些都是可以节省的开支，所以没有答应。吃了闭门羹的张洋越想越生气，于是趁父母不在，他撬开大柜子，摸出了五张100元的人民币并挥霍一空。

遗憾的是父母并没有觉察到这一切，有了"成功"的第一次，张洋的胆子更大了，不久，大柜子里一个活期存折上的2000元又被他取出来花光了。父母终于发现了他的"秘密"，母亲第一次动手打了他。从那以后，张洋开始疏远父母，常常和街上的一帮不良少年厮混在一起，并频繁地把手伸向别人的腰包。终于有一天，他被送进了少管所。

和张洋一样，每一个小朋友都有一个充满爱的家，但是如果有人把这些爱当做肆意获取一己之需的资本，就有把自己美好的前程葬送的危险。要知道，我们虽然年龄小，但是在不知法、不懂法的情况下犯了罪，同样会受到法律的制裁。

每一粒种子，都是一个生命；每一朵鲜花，都能散发芳香；每一股清泉，都有自己流动的方向；每一朵白云，都有自己的归宿。每一个小朋友都是朝阳中

第**2**个细节

遵纪守法，做个好公民

记一记

【原文】

求必欲得，禁必欲止，令必欲行。

【译文】

国家有要求的一定要做到，国家要禁止的一定要杜绝，国家颁布的法令一定要实行。

——《管子·法法》

的花朵，但在嘈杂的社会环境中，难免会沾染上不纯洁的东西，其中有的东西可能会损坏花瓣、枝叶，有的东西可能会致命。所以，朝阳中的花朵想要绽放美丽，就要记住：

小到课堂纪律，大到国家法律，处处都要求你做一个遵纪守法的好公民。

做一做

小学生如何守法？

★认真学习和遵守校规校纪。《小学生守则》和《小学生日常行为规范》是小学生在校内校外的行为准则，每个学生都应该遵守，不能任意妄为。

★不吸烟、不酗酒、不赌博，拒绝看不健康的书刊、音像制品。

★多和积极向上的人交往，坚决杜绝与社会上不三不四的人来往。

★学习一些相关的法律知识。例如《宪法》、《教育法》、《未成年人保护法》、《环境保护法》等。

03

恪守诚实美德

KE SHOU CHENG SHI MEI DE

　　一群马上就要毕业的小学生正踌躇满志地参加最后一次考试，但是，拿到试卷后，大家却一个个眉头紧锁，苦不堪言。原来卷子上的四道题中没有一道题是在课本里学过的。终于考完了，所有人都沉默不语。这时，老师微微一笑，问道：

　　"完成四道题的有多少人？"没有人举手。

　　"完成三道的？两道题的？"学生们不安地在座位上扭来扭去。

　　"那么完成一道题的呢？肯定有完成一道题的人。"老师最后问道。

整个教室依然沉默。但老师却高兴地说："这正是我所期望得到的结果。"

"亲爱的同学们，你们手里的试卷，对于你们来说确实很难，因为这些问题你们根本就没有接触过。"他接着说，"所以你们没有做出来，一点儿都不奇怪。相反，如果有人做出来，反而会让我感到惊讶。但是，我很高兴，因为你们每一个人都通过了这次考试，一次有关品德的考试，那就是诚实，很高兴你们没有让我失望。在毕业的时刻，我要对你们说的是，希望你们一直保持这种品德，因为你们以后会发现，它会为你们带来一生的幸福和快乐！"

随着时间的流逝，老师的名字已经被遗忘了，但是他的这堂课却令每一个学生难以忘怀。

正如老师所言，诚实是每个人都应拥有的一种高贵的品德。与诚实相比，它的对手——谎言就显得卑劣了，卑劣得任何时候都想钻到人的心里占据空间，肆意妄为。亲爱的小朋友，不知道你在阅读这些文字的时候，有没有摸着胸口问一句："我撒谎了吗？"

你撒谎了吗？不管你是有意还是无意，这种行为都是不对的。关于谎言，德国伟大的哲学家康德说："谎言能使社会不公正，它破坏了社会秩序，使善良的人遭受不应该有的惩罚。因而，在任何情况下，一个人都别无选择，他都应该讲真话。"是的，一个人如果不诚实，他将失去一位好朋友、一位好顾客或者是一桩买卖，甚至会因为欺诈而被送入监狱。在现代社会，人一旦失去诚实这一美德，就毫无信誉可言，也就失去了一切可以获得成功的机会。

所以，如果你想在学生时代种下诚实的种子，那就要注意这一个重要细节：

拒绝谎言，在小事中培养自己诚实的品格。

做一做

五个不诚实的事例，请撒过谎的同学自觉改正！

★ 曾经一次或者多次抄过同学的作业或者试卷。

★ 曾经不止一次用各种理由骗爸爸、妈妈，索要零花钱。

★ 偷偷拿了同学的文具盒却骗妈妈说是路上捡的。

★ 考试成绩不及格，骗爸爸说试卷丢了。

★ 老师明明留家庭作业了，却骗家人说没有留。

第**3**个细节
恪守诚实美德

记一记

工作上的信用是最好的财富。没有信用积累的青年，非成为失败者不可。

——池田大作

04

不乱发脾气

BU LUAN FA PI QI

　　培根认为，易怒是一种卑劣的行为，受它摆布的往往是生活中的弱者。有什么让你心烦的事情，可以心平气和地讲清楚，发怒、破口大骂甚至动手是无济于事的，根本解决不了任何问题。一个聪明的人要懂得控制自己的情绪以获得最后的胜利。

　　三国时，诸葛亮和司马懿在祁山交战。诸葛亮率军远途征战，因此想速战速决。而司马懿则以逸待劳，迟迟不出战，欲空耗诸葛亮士气，然后伺机求胜。

对司马懿的闭门不战，诸葛亮冥思苦想，最后想出一招，送一套女装给司马懿，意思是"不战乃小女子是也"。

换了常人，一定会因受不了这种侮辱而马上出战，这正是诸葛亮希望的。但司马懿克制住了自己的愤怒，还是坚决不出战。这使老谋深算的诸葛亮对他无计可施。这是战胜自己情绪的经典案例。与之相对，三国时的孟获便是一个被情绪左右的人。在与诸葛亮几次对阵失败后，孟获不但没有冷静思考问题所在，反而认为自己是一时晦气。因此，在又一次对阵时，孟获还是再一次掉进了诸葛亮所设的陷阱而被俘获。

很多小朋友也像孟获一样，遇到问题只是一味地急躁，不会停下来思考自己错在哪里、为什么会错，甚至还责怪老师或者爸爸、妈妈没有照料好自己，一怒之下做出伤害自己也伤害朋友或者家人的事情。这种行为是很不可取的。

心理学家认为，容易被情绪左右的人都是自制力弱的人。自制力是自我意识的重要组成部分，是一个人走向成功的重要心理要素。生活中，我们随时随地都会碰到许多诱惑，面对诱惑，自制力弱的人往往不知不觉地深陷其中，自制力强的人却能控制自己，让自己的行为符合道德规范。

每一个人的性格中都是既有优点，也有缺点，一个微乎其微的缺点看起来没什么大碍，等它不断发展后你才发现

第**4**个细节
不乱发脾气

记一记

在成功的路上，最大的障碍其实并不是缺少机会或是资历浅薄，而是缺乏对自己情绪的控制。愤怒时不能制怒，会使合作者望而却步；消沉时任凭自己委靡不振，会将许多稍纵即逝的机会白白浪费。

它竟然影响了你的整个人生，而这一切只是因为你在一开始的时候就没有及时地制止它，而是任其滋生和蔓延。如果你想让你的一生都和成功握手，那请记住：

学会控制自己的情绪比学会吃牛排重要得多！

做一做

告诉你三个控制情绪的有效方法：

★扩大视野，增长见识。知识多了，自然就会明白许多道理，从而改变自己过去一些错误的想法和做法。

★多和同龄人交往，平等相处。和同龄人交往，可以相互帮助、相互学习，摆脱对父母的依赖。

★用自己所了解的英雄的事迹与自己的行为对比。以英雄为榜样，从另一个角度去认识自身的问题，主动地改掉缺点和毛病。

05

QIN JIAN JIE YUE

勤俭节约

  生活中有很多小朋友总是浪费，更可气的是，那些不断浪费的人一点儿也没有意识到自己的行为是不对的。据调查显示，在一些学校里，浪费粮食的现象非常严重，每天都能看到从学校里推出一车又一车的剩饭剩菜。

  还有其他一些令人担忧的浪费现象。有些小朋友一味追求时尚的文具，市场上流行什么就要买什么，但是，市场上流行的东西更新速度非常快，这就势必造成浪费。

　　小学生浪费现象不仅仅表现在文具用品上，更为严重的是有些同学将钱用在买零食和玩具上面。有些同学甚至为搜集一种方便面里附送的卡通卡片，在买来方便面之后，只要卡片，而将面饼扔掉。这种浪费现象实在令人痛心。

　　浪费是节俭最大的敌人。难道说，我们现在的生活好了，就可以丢掉勤俭节约的美德吗？

　　当然不是！我们应养成勤俭节约的习惯。在我们国家，还有很多贫困地区的孩子没钱上学，许多失业家庭的生活有待改善，许多受灾地区的人们吃不饱，穿不暖，为什么我们不改变一下生活习惯，把资源节省下来呢？要知道在一些同学肆意浪费的同时，还有很多同龄的孩子没有饭吃，没有学上，没有鞋子穿，没有衣服保暖。因此，勤俭节约的传统美德决不能丢。

　　作为社会的一员，我们应该牢记历史的使命，发扬中华民族艰苦朴素的优良传统。从珍惜一粒米开始，从节约一滴水开始，从节省一分钱开始，从每一个细节开始，立志培养自己勤俭节约的好习惯，争做一名优秀的小学生。

所以，如果你想让自己的品德高尚，请记住：

勤俭节约，从珍惜每一粒米开始。

第**5**个细节
勤俭节约

做一做

养成勤俭节约的好习惯有高招：

★吃饭要实在。不要根据自己的口味挑食、偏食，一日三餐要坚持吃好、吃饱，但不要在饭前饭后吃方便面、面包、蛋糕等零食。要保持餐桌的卫生，不要让饭菜洒在桌面上，不要剩菜剩饭。

★穿着要朴素。即使家庭富有，也要穿着朴素一些。身为学生，没有贵族和平民之分，心态和行动都与其他同学处于同一起跑线上，这对我们的成长十分有利。

★珍惜学习用品。不要因为写错一两个字就撕掉一张纸，不要老是弄断铅笔芯，不要买只看不用做摆设的学习用品。

★给自己准备一个储蓄罐。

记一记

★由俭入奢易，
由奢入俭难。

★小钱不知省，
大钱将滥花。

★成家子，粪如宝；
败家子，钱如草。

★眼下胡花乱铺张，
往后日月空荡荡。

★杀牛吃肉，
不如留着挤奶。

06

YONG GAN CHENG REN CUO WU

勇敢承认错误

　　每一个人在一生中都会或多或少地犯错误。从某种意义上说，错误是不可避免的，它将伴随你一生，无论你愿意与否。但是，人们对待错误的态度是不同的，有些人能够勇敢地承认自己的错误，承担应负的责任；也有很多人选择了逃避过错，推卸责任。

　　其实，承认错误、担负责任是每个人应尽的义务，任何不愿破坏自己名誉的人，都必须认真地对待错误和责任。这也是每个人应具备的最起码的品德和习惯。

福克斯的父亲是英国的富绅。在福克斯很小的时候，花园里有座旧亭子，父亲想将其拆除，并重新建一座新亭子。假期结束，小福克斯要返回寄宿学校时，正巧赶上工人要拆除亭子，他很想亲眼看一看亭子是怎样拆除和修建的，所以请求父亲允许他推迟一些日子返校。但是，父亲却要他准时到校上课，两个人争论了很久，父亲终于答应将亭子的拆建时间推迟到第二个假期，这样，小福克斯就可以看到亭子的拆除和修建了。

哎呀，我的花瓶！怎么打碎了？

奶奶，对不起，其实……其实花瓶是我不小心碰碎的。

但小福克斯回学校后，父亲就让人把亭子拆了重建了。谁知，小福克斯一直把这事放在心上，一放假回家，他就向亭子走去。当看到新亭子已经建好时，他失望地对父亲说："你说话不算数！"父亲听了大为震惊，严肃地说："孩子，我错了！言而有信比财富更重要。"

然后，父亲居然叫人把新亭子拆掉了，在原地又重新建了一座亭子，帮儿子实现了观看这一过程的愿望。

亲爱的小朋友，你想过犯错之后自己应该选择什么方式来处理吗？

不管你用何种方式来终结自己的错误，有一点是大家公认的，那就是：有责任感的人能够勇敢地承认自己的错误，尽力去改正错误或者弥补损失；没有责任感的人则选择逃避过错，推卸责任。

如果我们为了一时的面子或害怕受到惩罚而胆小畏缩，那么错误就成了我们心里永远的伤疤，会折磨我们一辈子的。因此，为了不让错误留在心底，我们都应该拿出承认错误的勇气来，相信所有的人都会为我们感到骄傲，并为我们鼓起掌来。

第**6**个细节
勇敢承认错误

记一记

最大的幸福在于我们的缺点得到纠正和我们的错误得到补救。

——歌德

所以，如果你想成为一个有责任感的人，那就认真做好这一细节：

无论犯了什么错误，都要勇敢地承认，并说声"对不起"。

做一做

教你做一个有责任感的人：

★对待错误，要有正确的心态。在日常生活中犯错误是难免的，只要敢于承认错误，就是一个值得信赖的人。所以对待错误，不要有恐惧心理，而应调整好自己的心态。

★简单地说一句"我错了"是远远不够的，不妨多问自己几个问题："我错在哪儿了呢"，"我需要如何改正呢"。

★在勇于承认错误的同时认清自我的价值。承认错误不等于对自己全盘否定，每个人都有犯错误的时候。相反，它还可能帮助你完善自我。所以，要以乐观的态度对待所犯的错误，相信自我的存在价值。

07

懂得感恩

　　好好地想一想，在生活中，不论是对你最亲爱的爸爸、妈妈，还是对每一个帮助过你的人，你有没有经常说"谢谢"呢？要知道，能够经常说"谢谢"的人一定是一个善良、懂得感恩的人，而善良的人会因此收获幸运，得到奖赏。下面故事中的小女孩就告诉我们心存感恩的珍贵。

　　在一个小镇上，饥荒让所有贫困的家庭都面临着危机，因为对于他们来说，最起码的温饱问题都难以解决。

小镇上最富有的人要数面包师卡尔了，他是个好心人。为了帮助人们度过饥荒，他把小镇上最穷的人家的20个孩子叫来，对他们说："你们每一个人都可以从篮子里拿一块面包。以后你们每天都在这个时候来，我会一直为你们提供面包，直到你们平安地度过饥荒。"

那些饥饿的孩子争先恐后地去抢篮子里的面包，有的为了能得到一块大一点儿的面包甚至与别人大打出手。当他们拿到面包之后，立刻狼吞虎咽地把面包吃完，甚至都没想到要感谢这个好心的面包师。

面包师注意到一个叫格雷奇的小女孩儿，她穿着破旧不堪的衣服，每次都在别人抢完以后，她才到篮子里去拿最后的一小块儿面包，然后她总会记得亲吻面包师的手，感谢他为自己提供食物，然后并不吃那块面包，而是拿着它回家。面包师想："她一定是回家和自己的家人一起分享那一小块儿面包，多么懂事的孩子呀！"

第二天，那些孩子和昨天一样抢夺较大的面包，可怜的格雷奇最后得到的面包只有昨天得到的面包一半大，但她仍然很高兴。她亲吻了面包师的手后，依旧拿着面包回家了。到家后，当她妈妈把面包掰开的时候，一个闪耀着光芒的金币从面包里掉了出来。妈妈惊呆了，对格雷奇说："这肯定是面包师不小心掉进来的，赶快把金币送回去吧。"

小女孩儿拿着金币来到了面包师家里，要把金币还给他。

面包师却微笑着说："不，孩子，我是故意把这块金币放进最小的面包里的。我希望最文雅的孩子能得到这块金币。希望你永远都能像现在这样知足、文雅地生活，用感恩的心去面对每一件事。"

贫穷的小女孩之所以能得到金币，恰恰源于她那一声"谢谢"。一句"谢谢"缩短了人与人之间的距离，在人与人之间架起一座情感的桥梁。因此，对于陌生人的善意，对于老师的谆谆教导，对于爸爸、妈妈的无私关爱，对于大自然赐予的阳光雨露，我们都要怀着感恩的心说一声"谢谢"。

第**7**个细节
懂得感恩

记一记

生活需要一颗感恩的心来创造，一颗感恩的心需要生活来滋养。

——王符

🔒做一做

今天，你说"谢谢"了吗?

"谢谢"，一个简单而美丽的词语，是全世界最温暖的声音。"谢谢"，一个简单而美丽的词语，你会用吗?

☆当你乘坐公交车别人给你让座时，你要说"谢谢"!

★当＿＿＿＿＿＿时，你要说"谢谢"!

★当＿＿＿＿＿＿时，你要说"谢谢"!

★当＿＿＿＿＿＿时，你要说"谢谢"!

★当＿＿＿＿＿＿时，你要说"谢谢"!

……

最后，告诉大家一个秘诀:

"谢谢"说得越多，就越快乐!

08

谦虚待人，做礼貌使者

QIAN XU DAI REN ZUO LI MAO SHI ZHE

众所周知，每一位家长都希望自己有个成绩优秀的孩子，但很少有人注意到这个细节——每一位家长都为自己有一个谦恭有礼的孩子而感到欣慰和自豪。一个才华横溢的人如果失去了谦逊的美德，那他的才华也会失去光彩。所以，我们有必要从小就培养自己谦逊的美德。

一个处处谦虚的人，除了能学到更多东西外，还能受到大家的欢迎，从而结交更多的好朋友。

在很久以前，森林里的鸟儿都不会唱歌。有一天，从很远的地方飞来一只很会唱歌的云雀，它的歌声那么婉转动听，感动了森林里所有的鸟儿。

所有的鸟儿一致要求云雀教它们唱歌。禁不住所有鸟儿的苦苦恳求，云雀答应了。

教唱歌的第一天，云雀首先教音符。它教一声，大家就唱一声。教了一会儿，云雀为了检验学生们学习的情况，让它们一个个地站出来单独试

唱。第一个是乌鸦，乌鸦扭扭捏捏地站了起来，不好意思地发出了声音。因为它的害羞，唱出的音符走了调，大家哄堂大笑起来，乌鸦羞得满脸通红，它喃喃地说："唉！多丢人呀！丑死了！"

云雀制止了大家的哄笑，为了更准确地纠正乌鸦的发音，它请乌鸦大声再唱

一遍。乌鸦却想："这不是存心让我丢脸吗？我才不愿再出丑呢！"它一声也不吭，愤怒地飞走了，从此再也不接受云雀的邀请。

云雀后来让其他的鸟儿来唱，其他的鸟儿最初几次发音也走调，大家也同样嘲笑它们，但那些鸟儿没有像乌鸦那样飞走，而是总结经验，认真听从云雀的指导，耐心地学了下去。后来，森林里其他鸟儿都学会了唱歌，声音悦耳动听，唯独乌鸦到现在还不会唱歌，偶尔叫喊几声，仍然是当初走调的声音。

一个人如果谦虚就会永远不知足，就会不断学习新知识、新事物，学习别人的长处和先进经验，使自己不断进步。"谦虚使人进步，骄傲使人落后"，只有明白了这个道理，我们才能进步和成才。

不要拿自己的长处和别人的短处相比，也不要用自己的短处比别人的长处，找出自己与别人的差距，向别人请教，才是真正的谦虚。从平时的一点一滴做起，培养谦虚的好品质，让我们都成为谦逊礼让的好孩子吧。

第**8**个细节
谦虚待人，做礼貌使者

记一记

　　决不要陷于骄傲。因为一骄傲，你们就会在应该同意的场合固执起来；因为一骄傲，你们就会拒绝别人的忠告和朋友的帮助；因为一骄傲，你们就会丧失客观标准。

——巴甫洛夫

做一做

　　教你三个养成谦虚好品德的具体方法：

　　★阅读一些优秀人物的故事。天外有天，人外有人。很多事物的优越性都是相对的，我们所拥有的，永远都微不足道，所以我们没有理由不谦虚一点儿。

　　★虚心向别人请教。我们不是任何事情都能做，每个人都需要周围人的支持和帮助，不要不懂装懂，在需要帮助的时候，要敢于向别人求助。

　　★要正确对待自己取得的成绩和荣誉。不要为自己取得的一点儿小成绩而沾沾自喜，要用一颗平常心来看待它，只有这样，才会取得更大的成绩。

09

做个有毅力的人

ZUO GE YOU YI LI DE REN

　　新学期开始了，菲菲同学一大早就背着书包上学去了，虽然路途比较远，但是一想到与那么多同学在一起学习、玩耍，菲菲就不由自主地加快了脚步。这时，忽然下起了小雨。一看下雨了，菲菲的心里就开始发毛了，这么远的路，这么大的雨，走到学校还不得成一个落汤鸡了。即使坐公共汽车，裤子和鞋子也肯定成"花脸猫"了。这一天，菲菲逃课了。第二天，天空并没有下雨，变成了阴天。菲菲又不想去上学了，理由是阴沉沉的天给人感觉一点儿都不好，说不定自己还在路上天就变脸了。这一天，菲菲也没去上课。第三天，天空没有下雨，也不是阴天，而是阳光灿烂，但菲菲还是不愿意去上学。理由是阳光太足，会把

菲菲，都快迟到了，怎么还不走？

妈妈，今天下雨，我不去了吧。

皮肤晒黑的，而且空中到处飘着烦人的柳絮，让人觉得不舒服。

这一天，妈妈并没有同意菲菲的无理要求，而是自己亲自送菲菲上学。因为明智的妈妈已经敏感地认识到，虽然一两次不上学没有关系，但从这个小细节就可以看出，菲菲是一个缺乏毅力的孩子，这个看似很小的细节将来有可能会影响她的一生。

有句话说得好：对于一个有毅力的人来说，再远的路程也是近的。因为他会想尽一切办法克服路途中的各种困难，在征服困难的过程中，不知不觉也就到达了胜利的终点。但是，从上面这个事例中，我们很清楚地看到，菲菲刚开始对上学充满了热情，但时间一长，困难一多，就退缩了。

难道说退缩就可以解决问题，可以实现自己的目标吗？答案当

然是否定的。英国著名小说家狄更斯曾经说过："顽强的毅力可以征服世界上任何一座高峰。"也就是说，无论遇到怎样的艰难险阻，一定要坚持到底，执著追求。这是我们在面对困难时要具备的一种积极的心态和行为，因为胜利属于知难而进的人。

不知道小朋友们有没有听过"物竞天择，适者生存"这句话，最终的胜利者，就是勇气、毅力和执著的化身。

如果你希望自己是一个具有顽强毅力的人，那就记住：

遇到困难，永不言弃，尽力把每一件事情都做得有始有终。

第**9**个细节
做个有毅力的人

记一记

要从容地着手去做一件事,一旦开始,就要坚持到底。

——比阿斯

做一做

在坚定目标中培养你的毅力:

★做事情一定要坚定自己的目标,这是培养毅力的第一步,也是最重要的一步。强烈的动机可以驱使你战胜许多困难。

★要有强烈的渴望。只有当你急切地想实现你的目标时,你才有实现目标的动力,它会促使你坚持到底。

★相信自己。信心可以鼓舞人坚持目标,永不放弃。

★和鼓励自己的人建立友好的关系,他们会激励你努力奋进。

★给自己一点儿暗示。当你觉得快要退缩的时候,给自己一点儿暗示,比如实现你的目标之后你将会得到什么奖励等。

10

孝敬父母

　　为了给妈妈买一份生日礼物，云瑞已经连续两周放学后偷偷地去一家小饭馆打工了。好不容易才说服老板让自己在后厨帮点儿忙的，再有一天就可以拿到80元去买那件礼物了，想到这儿云瑞高兴得不得了。第二天，一拿到辛苦赚来的钱，云瑞就向林外大街的方向跑去。这件不是，那件也不是，熟悉的商店橱窗里那件蓝色的披肩呢？昨天看还在呢。看到已经换了商品的橱窗，云瑞的血直往头上涌，他推门进去，怯怯地问道："老板，那件蓝色的披肩呢？"

"哦，那件啊，摆了好一阵子了，上午才卖了。"

"卖了。"云瑞下意识地重复了一句，哇的一声就哭了出来，老板慌了手脚，不知道眼前这个哭得满脸通红的小孩子怎么了。"怎么办呢？"云瑞一边抽泣一边想：只好买别的礼物啦。可是，买什么呢？

晚上，妈妈照例把好吃的菜推到了云瑞面前，自己则吃昨天剩下的菜。这时，云瑞羞涩地拿出了一样东西："妈妈，这是给您的。"

妈妈惊讶地打开那份礼物，原来是一块三角形蓝色的布，周围被剪刀修得长短不一，中间有几个歪歪扭扭的字：祝妈妈生日快乐！看着这块蓝色的披肩，妈妈眼眶湿了，不用问，她知道儿子花了多大的力气才做成了这件世间独有的披肩。

生日是什么，是自己生命的年轮又多了一圈吗？是的。自己从零开始，然后知道了一二三；从爬开始，然后学会了走；从呀呀学语开始，然后学会了读书写字……这是一个多么漫长而艰辛的过程啊！其间少不了风风雨雨与磕磕绊绊，不断成长的生命就是一个奇迹！怎么能不好好地祝贺呢？

可是，不要忘了，这些年来，是谁养育了自己。父母孕育了我们的生命，父母抚育我们成长，温暖的家是我们最安全的心灵港湾。这一切的一切，怎么能够忘记呢？没有阳光，万物皆灰暗；没有清泉，生命皆枯萎。

所以，在爸爸妈妈的生日那天，请一定要送一份礼物，表达你的敬爱之情。礼物不一定多么昂贵，多么耀眼，只要能表达你的心意就足够了。你可以用零花钱给爸爸妈妈买一条漂亮的围巾，也可以亲手制作一张卡片，上面写上你最真心的祝福，甚至是给爸爸妈妈一个深深的拥抱，这些都可以当做是你的礼物。

除了爸爸妈妈过生日送上一份礼物之外，平时也要努力做一个孝顺的好孩子，帮父母做家务、认真学习，用实际行动报答父母。自古以来，孝敬父母是我们中华民族的传统美德，几千年来都不曾丢失或中断。在今天，当我们的生活逐渐富足和美好时，小朋友们更应注重培养这一美德：

孝敬父母不分事情大小。要学会在生活小事中，培养孝敬父母的好品德。

第**10**个细节
孝敬父母

听一听

找到由邓丽君演唱的歌曲《永远是个小娃娃》仔细听一听，把歌词认真读一读，然后唱给自己的妈妈听。

做一做

从生活琐事中学会孝敬长辈：

★认真听从父母的教诲，不辜负他们的期望。

★体贴父母，力所能及地多分担一些家务，如帮忙收拾饭桌、扫地等。

★理解父母，父母有时身体不舒服，小朋友应该尽心尽力地照顾他们，帮忙端茶递药等。

★孝敬祖父母和外祖父母，放学回家先到祖父母房间向他们问好，帮他们做一些端茶倒水的小事，给他们讲一些校园里的所见所闻；吃饭时，先扶他们入座，恭恭敬敬地递上碗筷等。

说到就要做到

SHUO DAO JIU YAO ZUO DAO

　　信守诺言是一种美好的品德，违背诺言、不守信用的人既得不到别人的尊重，做什么事情也会碰壁。因此，当我们准备许下诺言时，要谨慎小心地对待，尽量考虑到各种可变因素和偶发事件，以防突然发生某些情况妨碍诺言的履行。

　　春秋时，鲁国有个年轻人名叫尾生，与圣人孔子是同乡。尾生为人正直，乐于助人，和朋友交往很守信用，受到邻里的普遍赞誉。后来，尾生迁居梁地（今

陕西韩城南），他在那里认识了一位年轻漂亮的姑娘，两人一见钟情。一天，两人约定在城外的一座木桥边会面，准备远走高飞。黄昏时分，尾生提前来到桥上等候。不料，忽然山洪暴发，滚滚江水淹没了桥面，很快没过了尾生的膝盖。

"城外桥面，不见不散"，尾生想起了与姑娘的约定，于是他寸步不离，死死抱着桥柱，最后竟被活活淹死。

尾生的做法虽然有些太过偏执，但他信守承诺的精神倒值得赞赏。自古以来，人们就把"信义"二字看得很重，一个人可以在同一时间欺骗所有人，也可以在所有时间欺骗一个人，但不可能在所有时间欺骗所有人。

在你的周围，是否也有说话不算数的人？说好和你一起去书店，结果失约了。他们答应给你带来寻找了很久的书，结果却忘得一干二净。这样一来二去，你渐渐不再相信他们，因为他们的承诺等于零。

同样，如果你总是不遵守自己许下的诺言，比如"我今天晚上不看电视剧了"，或者"我明天早上 6 点就起床"，或者"我再也不打电子游戏了"，这样的话说了一遍又一遍，结果没有一次能做到。长此以往，你连自己都不会相信了。

对待你自己许下的承诺，应该像对待生活中最重要的事一样认真，尽你所能，全心全意地去完成它。

因此，如果你想成为一个正直、值得大家相信的人，就从现在开始注意：

无论什么事，说到就要做到，从小学会做一个信守诺言的人。

第**11**个细节
说到就要做到

记一记

一言既出，驷马难追。

——中国成语

做一做

怎样培养自己信守诺言的品格？

★树立守信用的观念。信任建立在诚实的基础上，只有时时刻刻提醒和要求自己诚实，才能慢慢树立自己的信用。记住，一句谎话就有可能丢了别人对你的信任。

★如果答应别人的事情遇到困难，可以主动请大家帮忙解决。学会向父母或老师、朋友求助，共同完成这件事。

★要按时完成答应别人的事情。如果你答应了他人要做某件事，就一定要努力按照说好的时间去完成。记住，答应别人的事情一定要放在心上。

★管住自己的嘴巴。如果朋友信任你和你说了一些心里话，不要再跟其他人讲。背后议论他人或者传闲话，你的朋友就不会原谅你，以后也不会再信任你了。

12

　　一天，白菜宝宝们在湖里划船。天气宜人，感觉真舒服啊！大家沉浸在这美妙的环境里，突然风吹来一股难闻的气味。

　　大家赶紧察看起周围的环境来，四下一看才发现，原来清澈的水面上不知什么时候漂着一层污染物，蚊子、苍蝇都在垃圾边乱飞。怪不得这么臭呢，怎么办呢？

　　白菜宝宝们商量了一会儿，决定一起进行一次义务劳动，宣传保护环境的知

41

识。大家分头行动，有的负责清理湖里的垃圾，有的负责喷洒灭菌药水，有的则负责宣传环境保护的知识。

旁边的人看到白菜宝宝们的行动，又听了它们的宣传，很受启发，他们也觉得保护人类生存的环境至关重要，大家都动手帮忙做起义务劳动来。不过，他们还是觉得不太放心，于是又在湖边立了一块"保护环境，人人有责"的牌子，这样后来的人就都知道不在河边乱扔垃圾了。

忙完了这一切，白菜宝宝们终于松了一口气，又开心地划起了船。

这是一篇小学生自己写的关于环境保护的文章，小朋友，看了这篇文章你有什么感受呢？你是不是被作者敢于实践的精神所鼓舞呢？我们生活在同一个地球上，地球就

是我们的家。可是，随着科技的进步，地球遭受到了有史以来最为严重的污染，令我们生存的环境日益恶化，树木的过量砍伐、化学工厂排放的污染物、汽车尾气等等，使我们的地球家园一天比一天憔悴。

"拯救地球"，不仅是地球发自内心的声音，也是我们全人类的声音，是我们每一个人都应该做的事情。无法想象，当有一天所有的树木被砍伐光，所有的

花朵都枯萎了，所有的动物只剩下残骸，人口的急剧增长导致人们没有房子住，汽车的大量生产几乎封锁了所有道路时，我们的家会是什么样子？我们又该如何生存？

为了我们美好的家园，让我们携起手来，保护我们的地球母亲！让我们一起认真执行这一细节：

爱护环境，从我做起！

做一做

爱护环境、保护环境的有效方法：

★尽量使用可降解的塑料制品，尽量不使用一次性筷子、一次性餐盒。制造150万双一次性筷子要消耗掉两万棵大树。

★节约水、电、纸张。比如洗脸或洗衣的水可以用来拖地或冲厕所，写满字的纸张可以用来做剪纸或折纸。

★妥善处置垃圾。不要随意丢弃垃圾，要把垃圾分类扔进垃圾箱内。另外，要注意不可随意焚烧垃圾，以免污染空气或导致其他危险。

★保护动植物。不攀折花木，不践踏草坪。爱护野生动物，不追逐动物园内的动物。积极参加种植花草树木和保护动物的公益活动。

第2章

学习细节

　　每一种兴趣都可以成为成功的原动力；每一次作业都是对学习耐力的最佳考验；每一篇作文都可能变成华丽文采的基石……这些重要的学习细节，你注意到了吗？掌握了它们，你将不再为你的学习成绩而发愁。

13

找到学习兴趣

ZHAO DAO XUE XI XING QU

　　爱因斯坦曾经说过："兴趣和爱好是最好的老师。"一个成绩第一名的学生一定是对学习有着浓厚兴趣的人，因为兴趣是他们获得好成绩的动力和源泉，也是成为第一名的基本条件。

　　大伟的学习成绩并不好，但他对足球的了解却是同学们谁也比不了的。

　　每天上课的时候，他都是无精打采的样子，不是打瞌睡，就是很无聊地在课

OK，漂亮！

课堂上，球迷大伟
竟然做起梦来。

下课后，大家都喜欢听他说球。

关键时刻，巴乔一个漂亮的远射，球进了！

本上涂涂画画，或者东张西望，好像一分钟也坐不住似的。

但是一到下课的时候，马上就有一大堆的人围在大伟的身边，听他侃足球。这时候的大伟，口若悬河，俨然一副演说家的模样，成为众人仰望的英雄。

其实大伟也想好好学习，可是不知道为什么就是提不起精神，他找到老师，说出了他的苦恼与困惑。

听完大伟的倾诉，老师微笑着说："一个人记忆效果的好坏，取决于他对所记事物的兴趣。对于有浓厚兴趣和强烈求知欲的科目，就算付出较少的努力，也能获得惊人的记忆效果。而对那些毫无兴趣的东西，要想记住就很困难。你从小就特别喜欢足球，正是你对足球的热爱以及对足球知识高度的求知欲望，才使你这方面的记忆力有超常表现。所以，如果你想学习好的话，首先就要培养学习的兴趣。记住，兴趣是你学习知识的最大动力！"

是呀，兴趣是学习的动力，它可以产生无穷的力量，促使人集中精力去获取知识，全身心地投入到学习和工作中去。相反，如果对知识、对科学没有兴趣，把学习看成是一种负担、一件苦差事，当然就不会有好的学习效果。

达尔文7岁的时候便对收集生物标本、观察昆虫鸟兽十分感兴趣；物理学家麦克斯韦6岁的时候便对星星为什么会发光充满好奇心。无数伟人的成功事例告诉我们，学习兴趣促成了学习上的成功，学习上的成功又会提高学习兴趣，这是良性循环；反之，对学习厌烦，学习必定失败，学习失败又加重了对学习的厌烦感，形成恶性循环。所以善于学习的人，应该是善于培养自己的学习兴趣的人，而那些成绩优异的学生，更是对学习有着浓厚兴趣的人。

老师，我就是记不住书上的东西。

兴趣是最好的老师，当务之急，你应当培养学习兴趣。

当然，刚开始可能你并不是对每一学科、每一件事都感兴趣，但是，你可以尝试着尽自己最大的努力培养兴趣。比如，在跟同学辩论的时候，时而引用古人的一句诗词，时而引用一句名人名言，甚至还能一口气说出《水浒传》一百零八将的名字，赢得老师的赞赏和同学们的羡慕，这将更加激发你对阅读的兴趣。

总之，兴趣是学习的内在动力，只有不断地发现兴趣、创造兴趣、培养兴趣，才会越学越有趣，越学越优秀。如果你想成为一名优等生，就要掌握学习细节的第一条原则：

带着兴趣去学习！

做一做

教你几个增加学习兴趣的高招：

★不只是去做感兴趣的事，而要以感兴趣的态度去做一切该做的事。

★自信是增加学习兴趣的动力，所以一定要相信自己的能力。

★根据自己的能力，适当地参加学习竞赛。

★肯定自己在学习上取得的每一点进步。

第**13**个细节
找到学习兴趣

记一记

对自己抱有兴趣的人使我们感兴趣。

——西拉斯

49

14

JU JUE JIAN WANG

拒绝健忘

　　亲爱的小朋友，当你高高兴兴地背着书包踏进学校的大门时，当你一天天长高、长大，变得越来越懂事时，当你的学习任务一天比一天繁重起来时，你是否能够顺利地走过人生中第一道关卡？你是否整天在为大篇幅的要背诵的课文而烦恼？

　　我们每一个人都有正常的智商，但是，诸如把钥匙落在学校，把作业落在家里，刚学过的东西转眼就忘了等情况也时常发生，是我们太笨吗？当然不是，只

是我们没有掌握科学的记忆方法，才为我们的学习和生活添了不少麻烦。

目前，我们的学习内容还比较简单，要记忆的东西也不太复杂。但是，随着学习的深入，要求大家记忆的东西就不再那么单纯简单了。学习本来就是一个对知识理解、记忆和运用的过程，而记忆在学习中占了很大一部分，并直接影响到学习效果。如果没有掌握一些科学的记忆方法，想要明显地提高学习效率，自然是很难办到的。

1885年，德国心理学家艾宾浩斯对记忆的要害问题——遗忘现象作了系统的研究，这就是著名的"艾宾浩斯遗忘曲线"。

"遗忘曲线"显示：人的遗忘具有"先快后慢"的特点，在最初的20分钟内，遗忘率达41.8%，1小时后为55.8%，8小时后为64.2%，24小时后为66.3%。也就是说，在不到一个星期的时间内，原本记得清清楚楚的内容就只剩下1/4了！

这就是权威专家们研究出来的关于人类记忆的基本特点，精确的数字已经明

第**14**个细节
拒绝健忘

记一记

你不可不知的最佳记忆时段

科学研究表明，人的大脑有四个最佳记忆时段。学习时可充分利用这四个最佳记忆时段集中记忆。四个最佳记忆时段分别是：清晨起床后；上午8点至10点；下午6点至8点；入睡前1小时。

确地告诉我们一个秘密：

我们的记忆是有遗忘规律的，有些人之所以记忆力很好，记得很准确，那是因为他已经充分掌握自己记忆的遗忘规律，会在知识将要被遗忘的时候重复记忆，从而把知识记得更加牢固。

做一做

了解了记忆的特点和遗忘规律之后，你也可以从以下几个方面入手，有效地提高记忆力：

★懂得快不如记得牢，理解和记忆的东西，如果没有及时去复习巩固，过了一段时间，已经记忆的内容就会荡然无存。

★针对记忆的特点，投入恰当的时间，得到最佳的记忆效果。每次复习完全记清的时候，最好再多投入50%的时间去巩固它。这样经过若干次复习之后，记忆就会比较牢固了。

★养成良好的记忆习惯，不要边做作业边听音乐，或者边听老师讲课边玩东西，一心二用的效果总是很差。

★要有科学的作息规律，并且补充足够的营养。大脑也有疲倦的时候，该休息的时候，你就要让大脑得到充分的休息。

总之，如果你想做一个既聪明又不觉得累的记忆高手，你就要用心去发现和总结，同时还要谨记：掌握记忆的遗忘规律，懂得在最适合的时间做最合适的事。

15

制订学习计划

如果明天就要考试，而你在今晚挑灯夜读，你说明天你会不会考好呢？答案当然是否定的。取得优秀的学习成绩绝对不是一个晚上努力的结果，要经过一个不断复习、不断积累的学习过程。而那些平时不努力，没有制订合理的学习计划，到考试时临时抱佛脚的人，总是要吃亏的。

想一想，你是否也曾经有这样的时候：每天放学后把自己埋在电视和游戏里，把当天应该复习的功课一拖再拖。到快考试的时候，才发现自己复习得一团糟，只能临时抱佛脚，但是平时不懂的问题堆积得太多，这时也没有办法一下子全弄明白，考试成绩自然很不理想。

要知道一天只有24小时，制订合理计划的人通常能将时间安排得很合理，做事很有效率。所以，从现在开始，我们就需要给自己制订合理的学习计划，这样，才能分配好学习和游戏的时间，才能在考试的时候更有把握。下面就让我们一起看看几个制订学习计划的技巧吧。

第一，计划要全面。既然制订的是学习计划，自然主要是安排学习时间，但还应当兼顾锻炼身体、集体活动、文化娱乐以及帮助家长做家务的时间等。

第二，要安排好常规学习和自由学习的时间。常规学习就是按照学校规定的学习时间学习，包括在校上课和在家做作业的时间，这部分时间应当根据学校规定和老师的要求去安排。自由学习时间，是指完成老师布置的学习任务后所剩下的可由自己支配的时间。在自由学习时间里，应该具体安排要看的书和要做的事，不能让时间白白溜走。

第三，要注意长计划和短计划的制订。长计划就是指一个学期要实现的一些大目标，而短计划就是一周甚至一天所要实现的小目标。只有实现了平时的一个个小目标，才有可能最终实现大的目标。

第四，要合理安排各项学习内容。在学习期间，注意穿插一些娱乐活动和家

务劳动等，比如听音乐、洗衣服等，以此来调节我们的大脑及四肢。

第五，要注重计划的执行效果并及时作出调整。每个学习计划执行到一个阶段，就应该检查一下效果。如果效果不好，就要查找原因，进行必要的调整。

因此，要想让自己的生活、学习有条不紊地进行，就要记住：

合理制订适合自己的学习计划，才能有序地学习和生活！

做一做

科学安排时间是制订学习计划的关键：

★在安排时间时，既要考虑学习，也要考虑休息和娱乐。

★要找出每天学习的最佳时间。

★要根据事情的轻重缓急来安排时间。

另外，在安排时间时，还要突出重点。要根据自己的实际情况对比较薄弱的科目给予重视。

第**15**个细节
制订学习计划

记一记

★做事没计划，
　盲人骑瞎马。

★生产不会计算，
　诸事都会白干。

★闲时无计划，
　忙时多费力。

★平时做事无计划，
　急时做事无头绪。

16

XUE HUI SI KAO

学会思考

　　有"问题大王"之称的佳佳，小时候经常问一些稀奇古怪的问题，能把爸爸妈妈和老师都问住，有时候弄得他们哭笑不得。

　　她的问题可以从天空问到地下，从头发问到脚趾，开口闭口就是"为什么"。

　　"为什么天会下雨？"

"为什么眼泪是从眼睛里流出来的？"

……

长大了，她更喜欢问"为什么"，不过问的都是一些更为实际的问题：

"为什么这道题要这样解答，那样解答不好吗？"

"为什么它点燃以后会有蓝色的火焰？"

……

不过，多亏她问了这么多的"为什么"，这次在全校百科知识大赛中，佳佳获得了第一名。同学们都问她怎么连这么难的题目都能回答出来，她很骄傲地说："因为我是'问题大王'呀！"

看了佳佳的故事，有些同学可能会问：多问几个"为什么"除了能像佳佳一样获得知识大赛的名次之外，我还能得到什么？到底对我有什么帮助呢？其实答案很简单，可以说"为什么"是思考的源泉，对任何事物的思考都是从一个简单的"为什么"开始的。它不仅能帮助我们拓宽知识面，同时也是一种很好的学习方法。因为，任何一堂新课都不可能在45分钟内全部消化，这中间肯定存在着不少问题。如果你提不出问题，说明你并没有用心去思考。

那么，多问"为什么"究竟有什么好处呢？

一、经常提出疑问有助于加深记忆

人类的大脑经过强行记忆，可以囫囵吞枣似的记一些内容，但是这样记忆的知识是经不起时间考验的，用不了多久就又被忘得一干二净。然而，如果在记忆的同时不断提出疑问，就会促使你去寻找答案，从而加深你对知识内容的理解，这样的记忆就会长久、牢固。

二、发问有助于开阔思维

如果学生总是羞于向老师提问，那么他所积累的疑惑就会越来越多。很多经验丰富的老师都说，经常提出问题的人，应用能力总是超人一等。这些人平时看起来似乎领悟得较慢，但是在实力测验或模拟考试的时候，就会发挥出惊人的潜能，拿到顶尖的成绩。

所以，不要害怕别人会笑话你，只要你勇敢地迈出第一步，只要你敢问问题，你就会有很多收获。

问问题时，不要只拘泥于问老师，你也可以问同学、问爸爸妈妈、问朋友、问身边其他的人，甚至可以问字典、问其他课外读物。如果找不到答案，你也不要放弃这个难得的机会，说不定在你不断深入钻研的同时，你还能发现一个天大的秘密呢！

小朋友，从现在开始做一个爱问"为什么"的学生吧！如果你看到周围有人遇到难题时沉思不语，企图蒙混过关时，也请大声告诉他：遇到难题时，一定要多问几个"为什么"！

学一学

多问"为什么"能解大问题

你知道吗？世界著名的日本丰田汽车公司，曾经靠几个"为什么"找出了技术问题上的关键原因，从而使问题得到根本的解决。经过是这样的：

有一天，丰田汽车公司的一台生产配件的机器在生产期间突然停了。管理者就立即把大家召集起来，进行一系列的提问来解决这个问题。

问：机器为什么不转动了？

答：因为保险丝断了。

问：保险丝为什么会断？

答：因为超负荷而造成电流太大。

问：为什么会超负荷？

答：因为轴承不够润滑。

问：为什么轴承不够润滑？

答：因为油泵吸不上来润滑油。

问：为什么油泵吸不上来润滑油？

答：因为油泵产生了严重磨损。

问：为什么油泵会产生严重磨损？

答：因为油泵未装过滤器而使铁屑混入。

由上面的问答中得知，管理者只连续问了六个"为什么"就使问题得到根本解决。在进行提问时，若在第一个"为什么"解决后就停止追问，认为问题已经得到解决，换上保险丝，这样，不久保险丝还会断，因为问题没有得到根本解决。

在解决问题时，要多问几个为什么，做到"刨根问底"，这样才能使问题得到根本的解决，尽可能消除可能的隐患。工作是这样，学习也是这样。

记一记

要成功就没有借口，有借口就不可能成功。

请体会多问"为什么"带来的好处，并努力在碰到问题时，试着多用刨根问底的方法来解决。

17

细心观察，敏锐捕捉信息

XI XIN GUAN CHA MIN RUI BU ZHUO XIN XI

眼睛是做什么用的呢？在你还没想明白之前，先听听塞德兹的故事吧。

11岁便考入哈佛大学的塞德兹在小时候便善于观察。有一天，父亲给小塞德兹带回了几个眼镜片，有近视镜片也有老花镜片。小塞德兹对新奇的事物一向感兴趣，他把镜片架在自己的眼睛上玩。当小塞德兹一只手拿着近视镜片，一只手拿着老花镜片，一前一后地向远处看时，他看到远处教堂的尖塔突然来到了自己眼前。

小塞德兹高兴地大叫："快来看啊，爸爸，教堂的尖塔就在这里！"从此，他懂得了望远镜的原理并亲手制作了他的第一架望远镜。

在我们的学习和生活中，到处都充满着神奇。只要我们能像塞德兹一样在用眼睛观察的同时大脑也能不断地思考，就一定可以发现其中的奥秘。

观察力是通向成功的桥梁，是任何一个人不可或缺的能力，大到对周围环境的观察，小到对一只蚂蚁的观察，都可以体现出你的观察

力如何。当然，这种善于观察的本领不是一天就能练成的。小学生可以通过每天观察事物的细微变化来捕捉信息，逐渐培养自己的观察能力。比如观察一朵花的生长情况，观察一条河流的污染程度等，每观察一个事物都要坚持写观察日记，这样你才能更清楚事物的变化情况，下面我们来看一看一个学生写的观察日记：

"好几天过去了，我的凤仙花不知怎样了。于是一回到家，我就飞跑到了花的面前。

前两天还是嫩嫩的合拢的小芽片，今天已经舒展开了，而且又长高了许多，可能是这几天妈妈帮我浇水滋润了它。但我还发现，每当泥土没有水分时，叶片就会耷拉着脑袋，表面也失去了往日的光泽。这真应验了那句话：水是一切生命的源泉！"

你看，一篇观察日记就这样诞生了。它不需要多长，只要你每天认真记录自己的所见所闻，然后稍加一些感想就可以了。

第**17**个细节
细心观察，敏锐捕捉信息

记一记

　　对微小事物的仔细观察，就是在事业、艺术、科学研究及生活各方面取得成功的秘诀。

爸爸，看看我的望远镜。

儿子，你真棒！

　　如果你想让自己的目光敏锐一点儿，如果你想让自己变得更聪明一点儿，那就记住：学会用眼睛多观察周围的事物，发现它们的独特之处。

学一学

培养观察能力的小窍门：

　　★明确观察目的、任务，掌握科学的观察方法。比如观察景物，要有远近、里外、上下、左右、前后的顺序。

　　★学会把想象和观察紧密结合。恰如其分的想象，会使观察插上翅膀，意境更加广阔。

　　★ 随时随地都要观察。比如观察星空，观察大树，观察小猫、小兔等。

　　★观察后，一定要写观察日记。

18

对付错题有秘诀

DUI FU CUO TI YOU MI JUE

　　上学期间，我们会经历大大小小的考试。许多同学一提考试就会感到害怕，尤其害怕因为成绩不佳而受父母和老师的责备。其实，考试只是一个手段，它可以检验出你对这阶段所学知识的掌握情况，同时通过考试你也可以反复记忆学过的知识，从而发现问题并及时改正。

　　考试中做错题，常常是由马虎或者没有完全理解题意造成的。当老师说出正确答案时，你会恍然大悟："哦，原来是这样啊。"因此，考完试后，要对做错的题目进行分析，知道自己错在哪里，为什么会错，是因为粗心还是不会做，直到完全弄懂为止。

人经常会在同样的地方摔倒两次。就像小天，上次考试做错的题，这次他竟然又做错了。不是他没有能力做对，而是因为他看完试卷的分数后就不再看错题了。

考试的意义就在于，可以发现自己不懂或者容易出错的地方到底在哪里。对那些做错的题，要重新再做一遍，并记在本子上，当然不要忘了记上正确的答案和解题方法。千万不要像小天那样，考完试就把试卷扔掉，而应该把它们都收集整理起来。

学习好的人，考试后通常会把试卷上的内容温习一遍。如果你觉得这样太麻烦，还不习惯，可以挑出其中较难的和做错的题目，重新做几遍，加深记忆，这样，下次就不会犯同样的错误了。如果你身边还有其他同学也在为做错题而发愁，请你把这个学习细节转告给他：

做错的题重做三遍后，才能加深印象。

🅡 做一做

你会经常自我检讨吗?

★我的缺点:

1_____

_____

2_____

_____

3_____

_____

★我该如何改正:

1

2

3

第**18**个细节
对付错题有秘诀

记一记

我的彩色笔学习法

　　彩色笔不仅可以用来画画，描绘美丽的蓝图，同时它还能帮助我们学习，提高学习成绩。现在，我们一起来为自己的彩色笔标记吧!

　　红色笔：表示自己容易出错的地方。

　　蓝色笔：_____

_____。

　　绿色笔：_____

_____。

　　黄色笔：_____

_____。

　　紫色笔：_____

_____。

19

集中注意力，不开小差

JI ZHONG ZHU YI LI BU KAI XIAO CHAI

上课梦游，即我们常说的开小差，就是在听课时注意力被别的事情吸引过去，离开了听课的内容。上课开小差，无法专心理解老师讲课的内容，是学习的主要障碍之一。要想克服它，首先必须了解开小差的原因。

第一，外部环境刺激往往是引起开小差的主要原因。例如：突然下雨了，同学们都没有带雨具，因此上课时常向外看；教室外体育课上不时响起的哨声，使一些同学想起了昨天晚上那场精彩的足球赛，虽然人在教室里坐着，心却早就飞到足球场上去了……

第二，心理因素也是引起开小差的重要原因。有些同学在上课的时候老是想起自己曾经经历过的有趣的事情，例如：有的学生脑子里浮现出了前一段时间看的电影或电视剧的画面，想到精彩处竟忍不住笑出了声，还影响了别人。

第三，身体不好或精神不振也是引起上课开小差的原因。那么，你上课开小差是属哪一种原因呢？找出原因，自己就容易找到办法克服了。

下面给大家提供几种方法，上课容易开小差的同学不妨试一试：

第一，克服外界干扰，养成闹中取静的学习习惯。

在学习中，常常有不少外部因素干扰，使我们难以集中精力学习，这时我们就要练就"闹中取静"的本领。如果改变不了外界刺激的话，千万不要心浮气躁，一定要静下来，不去想它，可能过一会儿你适应之后就感觉不到它了。

第二，加强意志锻炼，做注意力的主人。

在学习中，我们除了会受到外界的刺激，还会受到内部因素的干扰，如情绪低落、身体欠佳、不良习惯等，这些更容易使我们开小差。因此，我们要学会以坚强的意志同一切干扰作斗争。

第三，注意休息。

人在疲劳的时候是很难集中注意力的，所以我们必须养成良好的学习习惯，学习时全力以赴，休息时尽情娱乐。

第四，跟上老师讲课的节奏。

在听课时如果遇到了听不懂的内容，千万不要卡在那里，脱离教师的讲课轨道，而是应该在不理解的地方做上记号，然后接着听老师讲课。等下课后，再去向老师或同学请教不理解的问题。

最后，告诉大家一个有效的听课秘诀，即"五到"：眼到、耳到、口到、手到、心到。也就是说，上课的时候，眼睛要盯着黑板仔细地看，耳朵要认真地听，嘴巴要配合老师回答问题，手要着重记录必要的知识点，心里要时常思考问题。

所以，要想提高自己的听课效率，就请注意：

学会控制自己的注意力，不在课堂上开小差！

学一学

五种不良的听课习惯你有没有？

★ 觉得上课太单调乏味。

★ 喜欢批评老师。

★ 不听过程只听结果。

★ 忽略主要内容，对其他一些无关紧要的内容比较关心。

★ 选择学习简单的内容，不愿深入思考。

第**19**个细节
集中注意力，不开小差

记一记

要想使自己成为一个注意力很强的人，最好的方法是：无论干什么事，都不能漫不经心！

——普拉托诺夫

20

掌握考试技巧

ZHANG WO KAO SHI JI QIAO

　　随着要学习的知识的不断增多，我们再也不能像幼儿园的孩子一样成天玩闹了，学习的担子越来越重，考试次数也逐渐增加，大到期中、期末考试，小到平时测验，总让人有点儿招架不住。有的同学平时学得很好，但是一到考试的时候，总是不能发挥出正常的水平；有些同学总在考试的时候情绪不好，以致在考场上发挥失常……

　　应该承认，我们周围的大部分同学都很努力，都希望自己的努力能够有回报。但是，为什么结果会有那么大的差别呢？其中最重要的一个原因就是：缺乏

对考试技巧的掌握。

考试不仅是在考查大家对知识的掌握程度，同时也是在考验大家应对考试的能力。因此，掌握一些考试的基本技巧，不仅对平时的考试有所帮助，甚至对将来的中考、高考都很有益处。下面给大家介绍几个轻松应对考试的技巧。

第一，在考试之前，应该根据老师的复习计划和自己的学习情况，制订一个系统的复习计划，有效地进行复习。针对本人的具体状况采用得心应手的方式和方法，针对教材的内容，抓住重点并突破难点，消除疑点并掌握特点，同时还要注意对基础知识的掌握。

第二，避免考试之前"开夜车"。考前充分地休息，表面上看来是浪费时间，其实在考试时反而会有大收获。相反，如果考前"临阵磨枪"、"开夜车"，表面上看好像争取了时间，但由于过度疲劳，到了考试的时候就会精神不振了。

第三，拿到考卷后，首先应通读试卷，做到心中有数。如果是大型考试，应该先检查试题的科目名称、页码顺序、版面是否清晰完整，同时要注意听监考老师提出的要求或更正试题错误等。

一般情况下，最好遵循先易后难、先小后大、先熟后生的顺序答题。这样可以避免花过多时间解答难题，到最后反而没有时间做有把握的题目。先做容易的题目能使大脑很快进入状态，有利于消除紧张、稳定情绪并增强信心。

第四，学会合理地分配答题时间。分配答题时间的基本原则是在能得分的地

方绝对不要丢分，不易得分的地方尽量争取得分。

第五，尽量让自己的书写快、齐、准。

读到这里，相信小学生朋友都明白为什么自己明明很努力，而考试成绩却很不理想的原因了吧。是呀，只要你掌握了一些基本的考试技巧，再加上勤奋和努力，还用为考试担忧吗？为了让你和你的同学都取得令人满意的成绩，请把这个学习细节告诉大家：

掌握基本的考试技巧，是轻松获得高分的法宝！

学一学

克服考试紧张的几个要诀：

★作全面充分的准备，全面复习所有内容。

★在考试前的那个晚上睡个好觉。

★考试前要留有充足的时间做需要做的事情，以确保早一点儿到达考场。

★不要饿着肚子进考场。

★当有同学提前交卷时，你不必惊慌，老师不会给首先交卷的学生任何奖励。

第**20**个细节
掌握考试技巧

记一记

你知道颜色的妙用吗？

穿蓝色的衣服会给你以安宁、满足的感觉；黑色的衣服能激起你对权威、对胜利的渴望；粉红色的衣服则可以使你镇静安神。不过，这只是一个小知识，任何考试的成功都源自于你充分的学习准备，而不是你所穿的衣服哦！

21

练就一手工整漂亮的字

LIAN JIU YI SHOU GONG ZHENG PIAO LIANG DE ZI

　　语文课上，老师正在讲评这次的试卷。蒙蒙在座位上偷偷地和同桌聊起了这次的考试。

　　"蒙蒙，你在干吗？"老师大声地说，他最讨厌上课不听讲的学生了。

　　"哦，对不起，老师。"蒙蒙乖乖地站起来，轻轻地说："我看他这次考试得了多少分。"

　　"80分。"老师说，"其实他的试卷答得也很好，但为什么我只给了他80

呢？你们想过没有？"

蒙蒙摇了摇头。

"因为他的字写得太潦草了，不认真看根本没法辨认出来，要知道考试的时候，如果阅卷老师看不清楚的话，不管你答得多么正确，都有可能给你不及格。"老师语重心长地说。

蒙蒙默不作声。是呀，为什么不把字写好一点儿呢？要知道59分和60分的概念是绝对不一样的。如果从小不注意这一细节，养成习惯后是很难改掉的。所以，如果你仔细观察就会发现，那些细致、聪明的学生在平时总是会注意字迹的工整。

陶陶的妈妈最引以为傲的不是女儿考上了名牌大学，也不是女儿被免试保送攻读研究生，而是陶陶的一手好字。陶陶认为，写好汉字不仅是一种习惯，更是一种教养。把字写漂亮，可以培养自己严谨、细致、一丝不苟的品格，从而对学习上的任何问题都不敢马虎。同时，她觉得把一份手写的、工工整整的作业交出去，也是对师长的一种尊重。

有人觉得把每份作业都写得那么仔细、工整，会耽误时间。对此，陶陶的观点是：关键是要从小养成习惯，如果从小学时起就养成了一种习惯，既能写好，又能写快，就不会耽误时间了。

不过，又有人发出疑问了：现在都用电脑来处理文件了，写好字已经没有必要了。身为博士生的陶陶也有自己理智的看法，她觉得越使用电脑，就越应该把字写好。许多部门在招聘人才时，特别声明应聘者的简历和应聘书必须手写，不

能用电脑打印，就是想通过应聘者亲手写的字来审视一个人的一些内在品格。

古人云：字如其人。写得一手好字的人学习肯定也不会很差，而写字马虎、东倒西歪的人肯定学习上也马马虎虎。可见，练就一手工整、漂亮的好字，不仅

能帮助你更好地学习，提高学习成绩，而且还有助于提升你的个人形象，何乐而不为呢？

如果你的字写得很差劲儿，那就记住：找一个安静的地方，拿起笔，摊开纸，静心地练字吧！

练一练

随时随地练就一手工整、漂亮的好字：

★从最基本处着手，让自己按每个字的笔顺将字的笔画写准确。

★适当地学习一点儿书法，有时间多参观一些书法展览，懂得什么样的字是漂亮、美观、大方的。

★平时写作业和答试卷时，不仅要检查所写内容是否正确，还要注意字写得是否工整、漂亮。上街时，注意欣赏大街牌匾上漂亮的字。

第**21**个细节

练就一手工整漂亮的字

记一记

汉字的字体变化是这样的：

甲骨文→金文（铭文、钟鼎文）→篆书（大小篆）→隶书→楷书→行书→草书。

不要粗心大意
BU YAO CU XIN DA YI

　　猪妈妈在街上开了家水果店，这两天的生意一直很好，这可把猪妈妈累病了。今天是周末，因此小猪抱抱一大早就出来替妈妈摆摊做生意。

　　"大家快来买水果呀，又新鲜又便宜的水果嘞。"抱抱兴奋地招呼着每一个经过水果店的顾客。这时，猴妈妈挎着个篮子一扭一扭地走过来说："抱抱，我想买五斤橙子给小猴吃，我眼神儿不好使，你替我挑吧。"

　　"没问题，我一定帮你挑大个儿的，准甜。"抱抱接过篮子，很快就帮猴妈妈挑好了。猴妈妈一个劲儿地夸抱抱是个好孩子。

这时，小象也"扑哧扑哧"地走过来了："抱抱，我想买四斤酸酸的柠檬。"

"好嘞，你等着。"说话的工夫，抱抱就把一兜儿柠檬递给了小象，小象瞪大了眼睛说："你家的柠檬个儿真大啊。"

小兔蹦蹦跳跳地跑来说："抱抱，明天我要去春游，给我来四斤橘子。"抱抱还是很快就为小兔称好了。小兔开心地说："你家的橘子真圆，一定很好吃。"

一连卖了三样东西，抱抱很得意，心想："妈妈知道我这么能干该多高兴啊。它准得表扬我。"第二天，猪妈妈觉得身体好多了，就和抱抱一起去卖水果。谁知刚开门，猴妈妈就来了："抱抱，你昨

天卖给我的不是橙子，是柠檬。我家小猴不吃酸，能不能换一下？"猪妈妈接过一只剥开的"橙子"一看，这哪是橙子啊，明明就是柠檬呀。猪妈妈忙给换了橙子，直说："对不起，抱抱第一天卖水果，搞错了。"

"没关系，下次就不会错了。"听到猴妈妈这么一说，抱抱觉得很不好意思。

猴妈妈前脚刚走，小象又来了："抱抱，你昨天卖给我的不是柠檬，是柚子呀。我妈妈爱吃酸，柚子有些苦，能不能换一下？"猪妈妈往篮子里一看，可不

是，果皮特别厚，果实很大，明明就是柚子啊。抱抱难为情地赶紧把柚子换成了柠檬。

一匹马差点儿让我丢了性命……

小象刚走，抱抱就突然想起，昨天自己就只顾快快地卖水果，不小心把给小兔的橘子拿成橙子了，橙子皮那么难剥，肯定给小兔的春游添了不少麻烦吧。唉，自己怎么就这么粗心大意呢？

这时，猪妈妈看着抱抱说："孩子，你主动帮妈妈卖水果，妈妈很高兴。可是你不能这么粗心大意连水果也搞错呀！"

听了妈妈的话，抱抱羞得只想找个洞钻进去，它不好意思地说："我以后再也不这样粗心大意了，一定认真仔细地做事。"

学一学

适度看电视：

我们每个人刚出生时，眼球会有轻微的震动现象，看东西时不能平滑地转动眼球，也不能很好地盯住一个目标，因此，看东西是不稳定的。当我们玩耍时，例如扔球时，必须眼睛盯住球，逐渐地我们的眼球震动现象就会消失了。但是，如果经常坐在家里看电视或者打游戏机，电视和游戏机的画面是抖动的，我们的眼球震动现象并不会消失，反而会更严重。

所以，小学生每天看电视的时间应该是有限度的，例如每次20分钟，不要一看就是好几个小时，否则，容易酿成粗心大意的后果。

第 **22** 个细节
不要粗心大意

记一记

认真是成功的秘诀，粗心是失败的伴侣。
——佚名

23

在舒适的环境中学习

ZAI SHU SHI DE HUAN JING ZHONG XUE XI

　　一个舒适的学习环境不但会令人感到舒爽愉快，甚至学习起来也能得心应手，做功课遇到难题也不会异常烦躁。然而很多人却不知道这一细节，你看，玲玲就是这样的人。

　　"哎呀，乱死了！都这么大了，也不知道自己收拾房间！"妈妈一边整理玲玲的房间，一边唠叨，"在这样的房间里学习，怎么能坐得住呢？"

　　"无所谓啊，整理还要浪费时间呢！"玲玲满不在乎地说。

"怎么能无所谓呢？在这种混乱的地方，你怎么集中精神啊？"在玲玲的眼里，房间并没有特别杂乱，只是偶尔找书和其他一些东西的时候会比较困难。但她觉得这不是什么大问题，也不值得花时间去整理房间。

妈妈将四处散落的玩具和书整齐地放好。

这时，玲玲突然想起自己和同学约好了去书店，一看表，已经到约定的时间了，就飞奔出去。看到玲玲这种对学习不负责任的行为，妈妈无奈地直摇头。

"我回来了。"大老远就听见玲玲在屋外叫喊，听见喊声的妈妈假装不理她，玲玲只好没趣地跑到房间里去了。刚一踏进房间，玲玲顿时感到一阵清爽：整齐的书架，干净的桌面，洁净的玻璃，一切都是那么清新。这么好的环境怎么可以不认真学习呢？

于是，玲玲急忙跑到客厅，在妈妈脸上亲了一口，然后回到自己的房间认真地学习起来。

从上面的例子我们可以看出，随着周边环境的变化，人的心境与态度也会有所不同。当环境杂乱无章时，人的心绪会随之变得纷乱；而在一个井然有序的环境里，则很容易集中精神。因此，环境对学习和生活的影响是非常重要的。

首先，书桌上摆设要整齐。书桌上没有其他的杂物，会让自己得到一个信息：现在就该学习。这样长此以往，只要一在书桌前坐下，就会开始认真学习，而不会做些杂七杂八的事情。

其次，选择理想的照明条件。白天学习的时候，室内的采光大致不会有什么问题，一到晚上，照明条件的好坏就跟学习的效率大有关系了。例如：光线不足，眼睛很快就会感到疲劳。眼睛一感到疲劳，便会感到浑身倦怠，学习的劲头就会消失。因此，一定要注意灯泡的瓦数（以60瓦最为适宜），不要让光线过于刺眼或晦暗。

再次，保持适合学习的温度和湿度。据专家的研究，使头脑保持清爽、学习效率最高的最佳温度是18℃（包括室内、室外的温度）。湿度若低，也可以感到神清气爽。此外，要保持头脑清醒，光是温度和湿度适合还不够，同时还要使书房内的气流不断流动，否则长时间在密不通风的室内学习，脑袋很容易变得昏昏沉沉。

现在，你该清楚如何创造一个舒适的学习环境了吧？还等什么，那就开始自己动手收拾房间吧，同时还要记住：

拥有一个舒适的学习环境是高效学习的关键哦！

做一做

布置书房应注意的事项：

★ 书桌不宜正对房门。

★ 书房的座位不应背对着房门。

★ 书桌不宜太靠近床，否则容易引起你的疲倦。

★ 书房垃圾应勤清除，避免细菌滋生。

★ 书房不宜摆玩具、挂明星画像等，以免吸引你的注意。

第**23**个细节

在舒适的环境中学习

记一记

如果不想在世界上虚度一生，那就要学习一辈子。

——佚名

24

JIAN CHI XIE RI JI

坚持写日记

海涛一家三口要出门旅游，车已经到了家门口，海涛却往家里跑。爸爸问他干什么去，海涛说："我要带上我的日记本！"一会儿，只见他拿着一个硬皮的小笔记本跑下楼来，这是他的日记本。海涛已经积攒了五个这样的日记本，日记本上全都密密麻麻地写满了他的心情与见闻。

海涛有一个习惯，就是善于动笔。读书时会摘抄书中文字或者写读后感，出门游玩会随时记下自己的感悟。因此，作文课上，海涛的文章往往写得最生动；

班会上，他的发言最有说服力；出墙报时，他是最好的编辑。

但是，海涛的同学娜娜最头疼的问题就是一周一次的日记检查，因为她的日记本上通常只写了某年某月某日、星期几以及天气情况。所以，每周的日记检查是娜娜最痛苦的时刻。

和娜娜一样，很多小朋友都有"为什么要写日记"的疑惑。其实原因很简单，老师让大家记日记，目的是为了培养大家的写作和表达能力。而且，老师在阅读大家的日记时，也增加了对每个同学的了解。

日记是对自己的反省和检查。坚持每天写日记确实不太容易，不过，只要下决心坚持一段时间，慢慢就会养成习惯了。小时候养成的习惯，不管是好是坏，常会伴你一生。如果从小养成写日记的好习惯，今后它将成为一笔巨大的财富。所以，从今天开始，每天睡前写一点儿日记吧。

那么该如何帮助自己养成写日记的习惯，从而提高写作能力呢？

首先，在平时读课外书时，要养成拿一支笔、摆一个本、边读边动笔记录的习惯，可以用线段或者符号把你特别感兴趣的词句标注出来。开始时，不要大段大段摘抄，而是要有选择，可以选择自己特别感兴趣的片段摘抄。之后，可以进行批注，在书的空白处，简单批注一个词，如"精彩"、"太妙了"、"不对"等等；以后，可以批注完整的一句话；再往后，可以用几句话完整地表达自己的意思。总之，一定要做到"不动笔墨不读书"。

第24个细节
坚持写日记

唱一唱

小虎写日记

小虎学习写日记，
日记写完一个样。
不会的字用拼音，
用了拼音看不懂。
急忙回家查字典，
懂了字，急忙跑。
跑到学校放了学，
喘着气，拿起笔，
小虎再次写日记。
日记以后认真写，
杜绝马虎和粗心，
争当一个好学生。

其次，在外出时，要及时把所见所闻和感想记录下来，哪怕非常粗略、简单，都要记录，时间长了就会养成习惯。

最后别忘了最重要的一点，就是一定要持之以恒。如果你坚持不懈养成了写日记的好习惯，某一天因别的事中断了，你会觉得那一天的生活缺了点儿什么，觉得那一天的生活不完美。所以，如果你不再想为写作文而发愁，如果你想用一种完美的方式记录你的成长历程，那就记住这一个学习细节：

随时动笔记录今天令你高兴、快乐、欣喜、悲伤的一切！

学一学

写日记的益处

★用日记来规划你的步调。当你把目标写在纸上时，就已将它具体化了，无形中你就会按照你所写的目标来执行。

★记录每件事的差异。每当学会从不同的角度看事情，有不同的体验或学到新技巧时，必须把这些与原先事件有差异的部分记下来。

★记录特殊时刻及事件。这些时刻及事件对你有重要意义，例如，你生日那天，收到朋友送给你的一个风铃……把心中的感动和眼角的眼泪一一记载，于是，生命中最重要的东西就因此而无数次地被定格。

★学会问问题并解决问题。你可以每天把晨间问题、晚间问题和其他问题及其答案记录在日记本中。

25

按时完成作业

"张云，你的作业做完了没有？"妈妈在房间门口问他。

"做完了。"张云大声地说着，其实他只做了一半就玩游戏去了。

第二天，一到学校他才想起老师今天要检查作业，没办法，只好借同学的作业抄抄，应付了事。可是，老师今天竟然决定抽查几个同学，针对作业来提问。这可把张云吓坏了，他的作业是抄来的，自己一点儿都没有认真去做，到时候怎么能回答得出来呀！

万幸的是，张云没有被老师抽查到，要不然答不上来被同学笑话不说，光是同学和老师知道自己的作业是抄来的这一点，就令他无地自容了。

其实，做作业是对老师讲课内容的一个巩固过程，是学习过程中不可或缺的一个环节，做作业要讲求时效。如果你把今天的作业留到下个星期去做就没有了效果，就好像本该买来今天吃的菜你留到明天才吃一样，就失去了它原来的味道。

如果你感觉自己做作业的观念不强，就每天把老师安排的作业做一个计划表，按科目依次完成。比如，张云在老师的帮助下做了一个做作业计划表（时间为星期一）：

科目	语文	数学	英语
该做的作业			
完成情况			
备注			

通过制作上面的表格，相信张云一定会认真地完成家庭作业。然而，作业是不是只要完成了就可以了呢？当然不是。我们不仅要认真完成作业，还要讲究方法。有方法，做一道题可顶别人做三道题；没有方法，做了三道题也可能只顶别人做一道题，效果差别很大。如果你希望自己的成绩有突飞猛进的提高，就请记住：一定要按时、高质量完成作业！

 学一学

做作业一定要遵循的几项基本原则：

★不要对所有的题"一视同仁"。善于学习与不善于学习的同学之间最大的区别之一就是：善于学习的同学能够抓住重要的信息，知道这道题主要讲的是什么；而不善于学习的同学对所有信息眉毛胡子一把抓，不分主次，虽然做了不少题，但效果却很糟。

★着重做不会的题。很多同学都犯这样一个毛病：会做的题反复做，喜欢搞"重复建设"，对不会做的题则不闻不问。这是做题的一个误区。善于学习的同学则不是这样，他们对熟练掌握的题少做，不会的题则反复练习，这样才能学到新的东西，提高自己。

★经常翻看、整理作业。作业整理好了，应该同课本一起放在书桌前或者最显眼的位置，不时地提醒自己翻看。

第**25**个细节
按时完成作业

写一写

知道了做作业是一个重要的学习环节后，你有没有检查自己作业的完成情况呢？

不要再多想了，赶紧把你今天的做作业计划表填好就是最大的行动了！（表格见正文示例）

生活细节

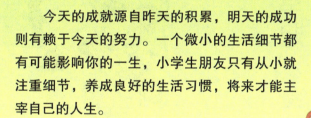

今天的成就源自昨天的积累，明天的成功则有赖于今天的努力。一个微小的生活细节都有可能影响你的一生，小学生朋友只有从小就注重细节，养成良好的生活习惯，将来才能主宰自己的人生。

26

ZAO SHUI ZAO QI SHEN TI JIAN KANG

早睡早起，身体健康

　　如果你有早起的经验，你一定会发现，早上的空气很新鲜，周围也比较安静，而且心情很好，所以精神状态最好。在这种状态下学习，肯定能收到事半功倍的效果。

　　而晚上就不一样了。经过一天的学习和活动，此时身体和精神都比较疲倦，在这样的状况下学习，往往是事倍功半。更严重的是，如果还要熬夜，第二天上课的时候就会打瞌睡，影响听课效果，长此以往，形成恶性循环，怎么能取得好成绩呢？

我们的大脑和身体一样，与其晚上身心疲惫地学习，不如利用清早的时间进行学习，这样不但事半功倍，更可提升记忆力。

良好的睡眠不仅可以使大脑得到休息和放松，还可以帮助你整理白天学过的知识。有时你会惊奇地发现，头一天不太清晰的学习内容，到了第二天早晨，竟然已经想通了。

良好的睡眠还可以加强对当天学习内容的记忆。睡觉之前，如果你轻松自然地把知识点在大脑中过滤一遍，第二天会记忆得更清楚，长期坚持下去，记忆会更加牢固。

养成早睡早起的习惯，保证充足的睡眠，告别瞌睡虫的状态，轻轻松松学习，何乐而不为呢？

如果小朋友已经有了熬夜和睡懒觉的坏习惯，那么从现在开始一定要改掉它。在正常情况下，每个小学生每天保证10个小时的睡眠就足够了。英国约克大学的赫伯特博士说，一个人如果睡得太久，会引起血液循环不畅。他说，人在睡眠中，呼吸一般比醒时慢，其间血液里的二氧化碳逐渐增加，会变成体内的麻醉剂，越是多睡就越想睡。所以，睡懒觉这一陋习对于身体健康极为不利，它会导致身体衰弱，而且会影响肠胃功能、破坏生物钟效应。

此外，睡懒觉时间久了，还会破坏神经系统的正常功能。睡懒觉的人其睡眠中枢长期处于兴奋状态，时间久了便会感到疲劳；而其他中枢由于受到抑制的时间太长，恢复活动的速度就会相应变慢，因而人便感到昏昏沉沉，无精打采。

因此，如果你想让自己拥有一个健康的身体，就请记住：

强壮健康的身体从早睡早起开始。

做一做

做到早睡有方法：

★每晚 9 点左右就做好睡前准备工作，准时上床睡觉。如去阳台呼吸新鲜空气，深呼吸，洗漱后静坐一会儿使身心放松。

★晚饭不要吃得过饱，可以吃一些含有氨基酸的食物；入睡前不要吃夜宵，不要饮浓茶、咖啡、饮料和吃巧克力。

★要有一个舒适安静的环境，床铺要符合睡眠的要求，不要开着灯睡，可播放催眠曲，培养按时上床，上床立即入睡的良好习惯。

第**26**个细节
早睡早起，身体健康

唱一唱

找几首关于健康的歌曲，早起锻炼的时候，在公园里大声地唱一唱，体验一下不一样的感觉。

27

爱惜眼睛，注意用眼卫生

AI XI YAN JING ZHU YI YONG YAN WEI SHENG

　　眼睛是心灵的窗户，拥有一双明亮的眼睛，是一个人健康的重要标志之一。通过眼睛，我们可以直接、真实地了解这个五彩缤纷的世界，如果没有眼睛，即使外面的世界再精彩，我们对四周的感觉也终将是一片黑暗。看过海伦·凯勒写的《假如给我三天光明》的人都能深刻领会到：拥有一双明亮的眼睛是多么幸福的事情！

　　眼睛是如此珍贵！但是，在我们周围，有很多人忽视了眼睛的保健，甚至小小年纪就戴上了眼镜。

谈到造成近视的原因，一位小学校长认为，一方面与学生迷恋电视、电脑游戏有关，另一方面和他们缺乏运动有很大关系：运动量的缺乏不仅导致学生身体素质的全面下降，而且久居室内，视觉功能自然会随之衰退。绝大多数戴眼镜的同学都觉得近视带给自己很多困扰。

眼睛是心灵的窗口。既然近视眼已经影响到我们的生活，我们就要养成健康的用眼习惯，远离近视眼。即使已经患上近视的同学，也要注意用眼卫生，不能让近视的度数加大哦！这里，告诉你几个良好的用眼习惯，只要按照要求去做，你就会拥有一双明亮的眼睛。

首先，日常生活中注意保护眼睛。要做一些安全适当的游戏，不要做危险性大的游戏。看电视时与电视机的距离不要太近，以电视机屏幕对角线的5倍为宜。平时不要让眼睛过于疲劳。

其次，做眼保健操是一种有效的保护眼睛的自我按摩疗法。读书时间过长会产生视觉疲劳，眼保健操通过自我按摩眼部周围穴位和皮肤肌肉，达到刺激神

经，消除眼睛疲劳的目的。

再次，读书写字时采用正确的姿势。要保护好眼睛，就要培养正确的看书、写字姿势。读书、写字时姿势要端正，上半身要直，头不要歪，也不要伏在桌子上。眼睛与书本要保持 1 尺左右的距离。读书、写字的时间不宜过长。此外，要做到不在摇动的车上看书；不躺在床上看书；不在走路时看书。

失明的人羡慕戴眼镜的人，因为他们至少还能看到这个漂亮的世界；患有近视的人羡慕不戴眼镜的人，因为他们不用担心丢掉眼镜后，眼前一片模糊。所以，你一定要注意：

保护好自己的视力，让自己拥有一双明亮的眼睛。

学一学

保护视力的误区：

★看电视要关上电灯，既能节省电费，又能保护视力。

错！看电视时室内光线要适宜。如果室内过黑，电视屏幕与周围黑暗的环境形成强烈对比，时间长了会加重眼睛疲劳；如果室内太白或太亮，同样也会妨碍眼睛健康。所以，晚上看电视最好亮一盏低瓦电灯，白天看电视最好拉上窗帘。

★学习时如果感觉眼睛累的话，只要放下课本或作业就是休息了，比如去玩一会儿电脑，看看课外书，甚至闭目养神。错！要想真正使眼睛得到休息，最有效的方法就是看5米以外的东西。在学校时，可以到教室外活动10分钟；如果在家，可以到阳台或窗前向外眺望10分钟。

第**27**个细节
爱惜眼睛，注意用眼卫生

记一记

描写眼睛的精彩句子

一双瞳人剪秋水。

——李贺《唐儿歌》

一寸秋波，千斛明珠觉未多。

——晏几道《采桑子》

眼明正似琉璃瓶，心荡秋水横波清。

——元稹《崔徽歌》

在她浓黑的眉毛下，眼神如柔美的月光一样欢乐，又略见清烟一般的惆怅……

——谢璞《流蜜曲》

那双眼睛，如秋水，如寒星，如宝珠，如白水银里养着两丸黑水银……

——刘鹗《老残游记》

28

JIAN CHI DUAN LIAN SHEN TI

坚持锻炼身体

　　有很多像婷婷这样的学生，平时不锻炼也看不出有什么不好，可一到考试或者学习任务加重时，就会感到疲惫、头晕，甚至昏倒在考场。

　　身体是学习的本钱，要想学习成绩好，必须先搞好身体素质。一位世界级运动员曾经说过一句很经典的话："当我的肉体得到休息时，我的精神也随之得到休息。"因此，我们应该加强锻炼，提高身体素质。不要以为星期天就可以睡懒觉了，对身体来说，每一天它都需要新的养分。

小学生加强体育锻炼主要有以下几种方式：

一、积极参加学校安排的体育课。体育课是经过教育学家研究决定的课程，其内容非常有利于学生身体的锻炼。比如，课间休息做的广播体操就是专门用来锻炼身体的，与其马马虎虎对待，不如积极认真地锻炼，达到健身的目的。这对学习和身体都是非常有益的。

二、经常晨跑。晨跑是一种对学习和身体非常有帮助的锻炼方式。首先，它能够充分地增强体质，而且还能对身体其他各部位进行锻炼，比如对肺部和心脏等等，特别是对心脏，晨跑可以增强心脏造血功能，促进血液循环。其次，它能使头脑保持清醒。经过一个晚上的睡眠，大脑还处于朦胧的状态，如果这时立即投入到学习中去，显然是在浪费宝贵的时间。为了提高学习效率，经常晨跑是必不可少的。

三、晚饭后可适当地散步。大脑是学习的机器，机器运转得好，学习效率才会高。要想保持头脑清醒，每天进行适当的体育锻炼是必不可少的。小学生正处于身体快速发育的阶段，锻炼

第**28**个细节
坚持锻炼身体

记一记

我将永远不再抱怨自己的贫穷，不再抱怨贫穷给我带来的无数苦难！只有你——健康——和我在一起，有你，我的劳动能力就会重新发挥作用，那时我就会有过幸福的日子所需要的一切。

——费尔巴哈

有助于消除大脑疲劳，对健康有重大意义。为了让自己有一个更加健康的身体，为了使大脑得到最好的锻炼，请牢牢记住：

选择一项适合自己的运动，并坚持下去。

做一做

加强体育锻炼的几点建议：

★制订一个体育锻炼时间表，或者安排一项便于实行的体育锻炼内容，利用每天的零碎时间进行锻炼，如原地跑步、立定跳远等。

★有条件的话，在家里置办一些体育用品。比如：羽毛球拍、乒乓球拍、小哑铃等，在学习的间歇，起身活动一下。

★周末或者晚上，可以多到户外去锻炼，和爸爸妈妈一起打羽毛球、散步，或者利用小区里的健身器材活动一下，既可以锻炼身体，又增加了和父母沟通的机会。

★积极参加学校或者街道、小区里组织的有益的文化体育活动。

29

健康饮食，身心健康

　　妈妈每次做饭的时候都做很多好吃的，可佳佳总像小猫一样专挑自己喜欢的东西吃，而且不吃青菜，爱吃鱼，害得妈妈干着急。

　　这两天，佳佳感冒了，总是不退烧，妈妈赶紧带他去看医生。经过一番检查，医生说佳佳的这种情况都是营养不良造成的。

　　其实，生活中类似于佳佳这样的学生还有很多，曾有调查显示，我们国家有

31%的小学生不愿意吃早餐，有37%的小学生每天或者经常喝含糖饮料。像可乐类的碳酸饮料，其中磷酸盐和柠檬酸的成分会使钙质流失，对脑部造成不良影响，如果喝得过多会使人变得过度敏感，容易发脾气，注意力也变得不集中，最后会引发情绪不安，这些因素最终导致身体素质差，学习成绩也不理想。

因此，我们必须注意自己的饮食习惯，做到不偏食，合理饮食。小学生正处于身体发育期，这个时候如果不全面地吸收营养，就会引发各种各样的疾病。所以，为了自己的健康，请不要一看到自己不喜欢的食物就皱眉头。为了让自己的身体更好地生长发育，要多吃些富含各类营养的食物，只有各类营养成分都补足了，我们的身体才能像

小树苗有了阳光和雨露一样快速地成长。另外，如果小朋友对食物的偏好已经形成习惯，就需要和大人一起合作，靠你坚强的毅力把自己偏食的毛病改掉！

做一做

这里给你提供几种有效的方法，不妨试一试：

★要少吃零食。过多地吃零食会降低食欲，而零食的营养不全面，并且对身体有害。

★吃饭时不要看电视。有的学生喜欢边吃饭边看动画片，这样不利于身体对食物的消化吸收。

★三顿饭都要吃。要认真对待三餐，不能因为贪玩就不好好吃饭。要记住：早餐吃好，午餐吃饱，晚餐不过饱。

★必要时去看医生。因为体内缺少了一些微量元素或者身体患了某种疾病也会导致偏食，这就需要治疗。

第**29**个细节

健康饮食，身心健康

唱一唱

营养健康歌

苹果消食营养高，
黄瓜减肥有成效，
葱辣姜汤治感冒，
大蒜抑制胃肠炎，
菜花常吃癌症少，
猪牛羊肝明目好，
盐醋防毒能消炎，
花生降醇亦健胃。
瓜豆消肿又利尿，
抑制癌菌猕猴桃，
香蕉含钾解胃火，
禽蛋益智营养高，
芹菜能降高血压，
西红柿补血驻容颜，
健胃补脾吃红枣，
白菜利尿排毒素，
葡萄悦色令年少。

30

电视、电脑使用有度

最近亮亮特别郁闷，因为大街上的游戏厅和网吧都在门上贴出一个告示：未成年人不得入内。这可把亮亮急坏了，习惯了敲键盘的手老是觉得痒痒。怎么办呢？亮亮一个人在客厅里转悠，特别无聊。这时门铃响了，亮亮开门一看是婷婷。

"你怎么过来了？"亮亮问。

"我们家的电视坏了，不知道为什么一点儿信号都没有，害得我什么节目也看不了。"婷婷很着急地说。

"那你来我们家看吧。"亮亮边说边打开电视，可是一打开就发现上面满是雪花。"昨天还好好的，怎么今天就坏了呢？真是的。"亮亮说。

"哎呀，那可惨了。"婷婷叹着气不停地抖动着脚，一刻也坐不住。平时看电视的时候能坐好几个钟头，这会儿没有电视看几分钟都坐不住，更别说学习了。可想而知婷婷的学习成绩肯定不太好，亮亮就更别说了。

像婷婷和亮亮这样痴迷于电视和电脑的同学在我们生活当中有很多，当然，我们并不是完全拒绝电视和电脑，而是提倡有节制地看电视和玩电脑。一些专门为少年儿童录制的电视节目就很值得我们观看，看这些节目，可以开阔眼界、增长见识、提高认识能力和判断是非的能力。

然而，不可否认的是，小学生的自制力和注意力是最不稳定的，容易被环境所吸引，耽误学习。很多小朋友就和婷婷一样，本来心里想的是就看一会儿电视然后去学习，可结果却控制不住自己，把学习完全放在了一边。还有同学受电视、电脑中的色情、暴力内容影响，行为日益偏激，最后走上了不归路。

任何事物都有两面性，没有绝对的好，也没有绝对的坏。拿电脑这个新型的工具来说，一方面，可以利用电脑查阅我们所需的资料，方便我们的生活和学习；另一方面，网络上有很多垃圾信息，在不具备分辨能力的情况下，这些信息很可能会对我们产生不良影响。所以，我们必须要懂得自制，明白如何把

握分寸，什么可以看，什么不可以看，看多长时间。要知道，作为学生最重要的是学习，如果浪费了这段时间则非常可惜。所以，如果你想让自己的生活更加和谐，想让自己健康、快乐地成长，那请注意：

不要沉迷于电视和网络游戏，生活中还有更多的精彩等着你去发掘。

学一学

贪恋电视和网络游戏的害处：

★每周看电视的时间总是超过10小时的儿童更容易超重，更好斗，在学校的学习成绩也更容易落后。

★经常看电视和玩网络游戏，容易引起眼睛疲劳，视力下降。

★看电视过多的人，都不善于和他人交流，以后也不利于走向社会。

★网吧里通常人多，声音嘈杂，长时间上网，容易因身体缺乏锻炼而导致大脑缺氧，甚至引发猝死。

★网络游戏只是一种娱乐工具，没有其他的益处，玩得过多只会浪费金钱。

记一记

小学生要养成良好的使用电脑、电视的习惯。要学会适度使用这两者，同时自觉养护眼睛。小学生使用电脑时，要让眼睛定时休息。每隔1小时休息一下双眼，休息10—15分钟，此时可远眺窗外景观。不要持续操作电脑，并且要注意滋润眼睛，多眨眼，防止眼睛干涩。

31

物归原处使用方便

WU GUI YUAN CHU SHI YONG FANG BIAN

你应该把东西都放在固定的地方,这样找起来就不会浪费时间了。

我会试试看的。

有的小朋友会把自己的东西放得整整齐齐,一点儿也不用家长操心。可有的小朋友总是爱乱扔东西,把零食、玩具扔得满屋子都是,上了一天班的爸爸妈妈回到家里还要辛苦地帮他收拾,可是他还认为自己没有什么不对。这是多么幼稚的行为呀!还是让我们一起看看玛丽和莎拉的故事吧!

玛丽:莎拉,能把你的顶针借我用一用吗?我自己的找不到了。

莎拉:我会借给你的,玛丽。但我很想知道你为什么经常向我借东西。

玛丽：我不知道为什么，真的。假如我知道的话，我会找到我自己的东西的。

莎拉：让我告诉你这个秘密吧。我会把每件东西都放在它应放的位置，这样在我需要使用它时就会很快找到了。

玛丽：哎，莎拉！有谁会在用完一件物品后再费事地把它归位呢？好像我们的生活全靠它了！

莎拉：我们的生活并非全靠它，但它可以给我们的生活带来许多便利。

玛丽：我懂了，莎拉，傍晚之前，我会找一个放物品的地方，并且把每件物品都放在它应放的位置。你给我上了生动的一课，我将永远牢记。

从这个故事中我们可以看到，玛丽并不是淘气，也不是懒惰，而是她没有注意到这个细节：把每件用过的物品都放回原处，比在需要的时候花更多的时间去找它更省事。不过，幸好有莎拉的提醒，相信从今以后玛丽会记住这个重要的细节，她会给每件物品都找一个家。

那么你呢，小朋友，你有乱扔东西的毛病吗？在这里，给那些爱乱放东西的小朋友提几条要求。

第一，做好你自己的事情。因为做事情不注意细节的人，大多缺乏责任心，更难以考虑他人的感受和辛苦。

第二，珍惜别人的劳动，不做破坏他人劳动成果的事。

第三，在家里、学校里用过的东西要放回原处。在取某一个物品之前，先看看它原来放的地方，用过之后尽快放回去，既利人又利己。

第四，在学校图书馆、阅览室或者书店里看书，看完后要将书放回原处。

第五，在超市购物，要把不打算买的商品、购物车、筐等返还到指定地点。这样既维护了公共秩序，又体现了你自己的礼貌。

当然，刚开始做这些事情时，你可能会不耐烦，但坚持做一段时间以后，你会发现你的生活将得到极大改善，你的房间将展现出从未有过的整洁，而这一切都归功于一个生活细节：

不管是拿了什么还是借了什么，都要做到物归原处、物归原主。

做一做

学会纠正自己乱放物品的坏习惯：

★给自己准备几个大纸盒。针对你把东西扔在地上的行为，可以用几个大纸盒，把东西都扔到纸盒里。

★经常和父母一块儿整理房间，整理好了，一起欣赏。这样你可以感受整洁的房间所具有的美感。

唱一唱

整理歌

清晨起床莫延迟，
梳洗整洁吃早饭。
学习用品细查看，
收拾整洁才能干。
文具放在书包里，
书本分门别类摆，
随手使用随手放，
整洁有序太方便。

32

讲究个人卫生

JIANG JIU GE REN WEI SHENG

　　小朋友，你们知道吗？不讲卫生造成的灾害已经给人类带来了许多深刻的教训。非典病毒就是通过人们的唾液飞沫在空气中传播的，它使许多人失去了生命。虽然非典给了我们严重的警告，但至今仍有一些人还在充当着疾病传播者的角色，他们并没有意识到不讲卫生对自己以及对他人会造成多大的危害。

　　小勇是一个淘气的小男孩儿，他以前不爱讲卫生，总是把自己弄得脏兮兮的，手指甲很长，还夹杂着黑泥儿，鼻子上总是挂着鼻涕。班里同学都不爱和他坐在一起。后来，当老师带着他看了显微镜下的细菌之后，在父母的督促下，他渐渐地变得爱干净了。每天早上刷牙、洗脸可认真了，还特别仔细地整理头发。现在，他惊奇地发现，再也没有人嫌他脏了，原来不喜欢他的同学也开始和他交朋友了。

讲究卫生，干干净净地迎接每一天，不仅仅是为了我们自己，而且也是为了全家、全社会的环境卫生。一个人是否干净，体现在无数个细节中。下面我们介绍一些讲究卫生的细节，你可别小看了这些细节，它们直接关系到你的身体健康。

首先，要勤洗澡、洗头。小学生

正处于身体发育的阶段，每天的新陈代谢都很旺盛。因此，要经常洗澡、洗头，同时，还要每天换内衣和袜子。

其次，要保持口腔健康。口腔健康不仅指早晚要刷牙，而且每次饭后都应漱口、刷牙。科学刷牙的最佳次数和时间是"三、三、三"，即：每天刷牙三次，每次都在饭后三分钟刷牙，每次刷牙三分钟。科学的刷牙方法是竖刷法，即顺牙缝方向刷。

再次，要定期整理和清洗书包。书包是我们每天都要携带的，因此建议最好每月刷洗一次书包。

最后，要携带纸巾或手绢。把它们放在书包或衣兜中方便取出的地方。要吐痰或者擦鼻涕时及时取出。用后的纸巾不要随地乱扔。回家以后要更换、清洗用过的手帕，始终保持手帕清洁。

"讲究卫生"已经被写入《小学生守则》。因此，当大家朗朗上口背诵《小学生守则》时，别忘了付诸行动：

讲究卫生，健健康康地迎接每一天。

做一做

现在来反省一下吧，看看自己到底有哪些坏毛病，该如何改正。

☆我的坏毛病是：_____

★我经常这么做：_____

_____

如：我写字时经常把铅笔放在嘴里，妈妈说这样既会损坏牙齿，又会把铅笔外层的涂料吸入体内，对健康不利，容易引起中毒。

☆我的改正措施：_____

★如果我_____

_____

如：如果我下次再把铅笔放到嘴里，妈妈或者老师、同学一定要提醒我，甚至可以拍一下我的小手。

第**32**个细节
讲究个人卫生

记一记

日常生活讲卫生，
环境整洁人舒服。
勤剪指甲勤洗澡，
流水洗手半分钟。
食物餐具慎存放，
不吃霉变忌生冷。
吐痰即是散病菌。
乱扔垃圾不良习，
害己害家害他人。
病从口入是真理，
卫生抗病是明训。

33

四体要勤，热爱劳动

SI TI YAO QIN RE AI LAO DONG

一座山的山脚下，有一堵石崖，崖上有一道缝儿，缝儿里住着寒号鸟。石崖的前面有一条河，河边有一棵大杨树，树上住着喜鹊。

转眼秋天到了，天气晴朗的时候，喜鹊一早就飞出去，忙着垒窝筑巢，准备过冬。寒号鸟却整天飞出去玩儿，累了就回来睡大觉。喜鹊说："寒号鸟，别睡觉了，趁着天好，赶快垒窝筑巢吧。"

寒号鸟听了笑一笑，说道："傻喜鹊，不要吵，阳光暖和，正好睡觉。"说

完便继续在崖缝儿里睡觉。

冬天说到就到，寒风呼呼地刮着。喜鹊住在自己新筑的温暖的窝里，而在崖缝儿里，寒号鸟被冻得直打战，悲哀地叫唤："哎呀呀，哎呀呀，寒风冻死我，明天就垒窝。"

第二天，风停了，暖烘烘的太阳当空照。寒号鸟还在睡大觉，喜鹊来到崖缝儿前劝它说："趁着天好，赶快垒窝吧。"

寒号鸟听到后一笑，伸伸懒腰回答道："傻喜鹊，别啰唆，阳光暖和，得过且过。"

到了夜晚，北风阵阵，崖缝儿里冷得像冰窖。就在这寒冬的深夜，寒号鸟发出最后的哭声："哎呀呀，哎呀呀，寒风冻死我，明天就垒窝……"但是，懒惰的寒号鸟在半夜里就被冻死了。

小朋友，你做事情是不是也和寒号鸟一样拖拉，今天拖明天，明天拖后天，到最后因为贪玩，什么都没有做？

做事拖拉，心理学家把它看做是一种病。别看它是一个小毛病，时间久了也可酿成大祸。如果医生做事拖拉，那就会延误病人的救治时间；如果交通警察做事拖拉，就可能会导致交通堵塞……你看，这一切是多么可怕呀！看起来是一件很小的事情，却引发出这么大的问题，让我们不得不对它重视起来。

现在，请你静静地自省三

分钟，想想自己是否有拖拉的毛病。如果你没有，那很好，说明你是一个好孩子。如果你还不确定，那就通过下面的测试题检测一下自己吧！如果你认为下面的陈述符合你的状态，那就在后面的括号里写上"1"。

1. 你经常上课迟到。（　）

2. 你常常赖床不起。（　）

3. 你经常拖延交作业的时间。（　）

4. 你喜欢一边吃饭一边看电视。（　）

5. 你总觉得睡眠不够而找时间补觉。（　）

6. 在练习长跑时，你常不能坚持跑到终点。（　）

7. 你常不能长时间坚持自己正确的观点。（　）

8. 你给自己制订的学习计划常不能如期完成。（　）

9. 你常说你该做某事了，可就是没有行动。（　）

10. 你常要在别人的督促下才能完成任务。（　）

如果你的分数在0—3分之间，那说明你稍微有一点儿做事拖拉的毛病，平时要注意一下。

如果分数为4—7分，说明你明显有做事拖拉的毛病。你可以让爸爸、妈妈或同学监督你，好让你尽快地改掉这个毛病。

如果你的分数超过7分，问题就严重啦！说明你平时是一个做事非常拖拉的人。因此，你需要十分注意：

今日事，今日毕，不要把问题留到明天，因为明天又会有新的问题等待你。

学一学

教你几个克服拖拉的招数：

★如果你吃饭速度很慢，一吃就是半个小时甚至一个小时，那就要注意了。你可以和别的小朋友一起比赛吃饭，那样就吃得快了！

★晚上临睡前就把第二天上学用的东西准备好，放在容易拿到的地方，以免起床后乱找耽误时间。

★经常把该用的东西和需要做的事用笔记下来，防止丢三落四、昏头昏脑，影响学习和做事的效率。

第**33**个细节
四体要勤，热爱劳动

读一读

有个小男孩儿做事非常拖拉，拖拖拉拉写作业，拖拖拉拉搞卫生，做什么事情都很拖拉。直到有一天，他被拖拉国王邀请去拖拉国参加比赛。在拖拉国里，小男孩儿见到了各式各样的拖拉作风，连他这个被同学称为"拖拉大王"的人都觉得有些人拖拉得不像话了。拖拉不仅耽误了很多比赛时间，还差点儿导致他再也回不到爸爸、妈妈身边呢。哎呀呀，拖拉还真是可怕。

小朋友，快去找到故事《梦游拖拉国》仔细读一读吧，认识拖拉的坏处。

123

34

XIAO FEI YAO YOU JIE ZHI

消费要有节制

　　这个学期以来，四年级的学生张瑞瑞一直在为"钱"奋斗着。张瑞瑞说，她的梦想是靠自己的能力买一辆漂亮的自行车。从那天开始，张瑞瑞就有意识地积攒零花钱。零食是不舍得买了，也不舍得多买一个玩具。此外，除了帮助妈妈干些家务活赚取少量的辛苦费之外，她还积极地参加竞赛活动，希望获奖后能得到爸爸、妈妈的奖励。现在，张瑞瑞已经离梦想的实现不远了。

　　孔佳是张瑞瑞的同班同学，但他的理财观念却完全不同于张瑞瑞。新年刚刚过去，孔佳数了数自己的小金库，"哇，整整500元呀！"这是他懂事以来收到的最多的压岁钱。但是，他既不把它们老实地交给妈妈，也没有自觉充数上缴学费，而是偷偷地和同学出去大玩特玩，才三天工夫就花得只剩下几十块钱了。

看了张瑞瑞和孔佳的故事，你更愿意做他们中的哪一个呢？聪明的同学一眼就能看出，与其把钱浪费在吃喝玩乐上面，还不如像张瑞瑞同学那样，买一些自己喜欢又实用的东西。这样既能让自己节约用钱，又能在无形中培养自己的理财观念，何乐而不为呢？

　　也许你需要的不是一辆自行车，也不是一个漂亮的书包，但是你完全可以把爸爸妈妈平时给的零花钱和压岁钱通通都收进你的小金库里，等到你想要做一些有意义的事情时，就不必伸手向爸爸妈妈要了。如果你确实没有一点儿理财观念，那就老老实实地把钱交给爸爸妈妈吧，放他们那里比放在自己这儿要安全得多。此外，你可以把它们交给银行来帮你保管。当然，你还可以把你的

零花钱捐给希望工程，为灾区儿童献上一片爱心，这比玩任何游戏都有意义。

金钱，只是人们用来购买物品的一种工具。但是，它不会凭空而来，每一分钱都是爸爸妈妈辛辛苦苦赚来的。作为小学生——一个纯粹的消费者，更应该从小就懂得节省和珍惜每一分钱，树立自己的理财观念。这样，将来等到我们真正独立走向社会时，才能够恰如其分地处理好财务以及生活中的一切，而这一切都源于良好的理财观念。

理财，你学会了吗?

⚡做一做

美国孩子的理财教育：

美国孩子3岁能够辨认硬币和纸币；4岁时就知道每枚
硬币是多少美分，认识到他们无法把商品全部买回来，必须
作出选择；5岁时就知道钱是怎么来的；7岁能够数大量的硬
币；8岁就知道他们可以通过做额外工作赚钱，知道把钱存到
储蓄账户里；9岁能制订简单的一周开销计划，购物时知道
比较价格；10岁时懂得每周节省一点儿钱，以备大笔开销使
用；11岁时知道从电视广告中发现事实；12岁能够制订并执
行两周开支计划，懂得正确使用银行业务中的术语。

读一读

我是我，你是你，
生活之中不攀比。
不铺张，不浪费，
艰苦朴素时时提。
消费算计好习惯，
合理花钱记心里！

35

ZI JI DE SHI QING ZI JI ZUO

自己的事情自己做

　　有一个小男孩儿养了一只八哥，小男孩儿天天给它喂食。八哥一天天长大，它会模仿人说话了，实在是很讨人喜欢。有空的时候，小男孩儿还让它在大自然里尽情地捉虫子吃。但后来，即使出去了，八哥也不去捉虫子，因为那实在是很费力气，所以每天专等小男孩儿给它好吃的。

　　快期末考试了，小男孩儿整天都很忙，已记不清几天没给八哥喂食了。一天，小男孩儿在做早饭，他刚把锅盖拿开，饿极了的八哥就猛地冲进锅里，结果被烫死了。小男孩儿很后悔，他想，要是自己不是每天都给八哥喂东西吃，让它自己捉虫，也许八哥就不会有这样的结局了。

看了八哥的故事，相信很多小学生都能自然地想到自己，正如蒲公英长大后始终是要离开妈妈四海为家一样，总有一天，我们要离开爸爸妈妈独自生活。如果我们也像八哥那样，什么都不会，那如何能自立呢？

的确，学会料理自己的生活，是一个人在社会化过程中不可缺少的一个环节。不少人由于生活上的一切由父母"包办"，从而导致6岁的学生鞋带开了不会系，急得直哭；9岁的学生不会穿衣服，闹出将内衣当外衣穿的笑话等。这样的成长很舒服却很失败，因为即使长大了也很难经得起社会的考验，很难成才。

因此，我们要从小就有意识地锻炼自己的自理能力，不要忽视这个重要的生活细节，因为小学阶段是培养自理能力的关键时期。

——整理学习用品。收拾学习用品、整理书包，记住准备好自己第二天该带的东西。不要总是丢三落四，依赖别人提醒你。

——自己解决学习中的问题，安排好自己的学习时间。不要把今天的事情拖到明天，不要等爸爸、妈妈或老师催促才去读书、写作业。

——搞好个人卫生。自己收拾、打扫房间；饭后收拾碗筷；摆放好自

第**35**个细节
自己的事情自己做

记一记

独立行

欲做天下事，
先要独立行。
从小爱劳动，
莫让他人帮。
不做寄生虫，
劳动我能行。
妈妈真爱我，
让我学做事。
自立能自强，
从小爱生活。

己的衣服、日常用品并保持干净整洁，不要随手乱放东西。

以上所列举的只是培养自理能力的几个方面，在日常生活中，还有很多事情都值得大家动手去做，要知道，只有从小就学会培养自理能力的人，将来才能在社会上立足。

学一学

如果你具备以下至少五项特征，那就可被诊断为依赖型人格：

★做事情犹豫不决，在没有他人提出大量建议之前，难以对日常事件作出决策。

★对什么事情都感到很无助，经常让别人帮助自己作出重要决定；即使知道别人错了，也经常随声附和。

★缺乏独立性，很难自己独立开展计划或做事。

★过度容忍，为了讨好别人而经常做自己不愿意做的事情。

★害怕孤独，不喜欢一个人待着，当某种亲密的关系中止时，会感到无助或崩溃，特别害怕失去朋友。

★经常害怕被人遗弃或冷落，被批评或没有得到表扬的时候，内心感到受伤害。

36

GAI DIAO HUAI XI GUAN

改掉坏习惯

很多小学生都有这样或那样的坏习惯，如乱扔东西、做事拖沓、粗心大意、经常迟到、不吃早餐、喜欢睡懒觉、沉迷于上网玩游戏，吃饭翻弄盘子里的菜，等等。有的人经过父母的提醒会很快改正过来，有的人却是屡教不改，甚至任其继续发展。

我国有句俗话"三岁看老"，一些毛病看似微不足道，但一旦形成了就变成了一种坏习惯，其后果将不堪设想。因此，小学生朋友应从小养成好习惯，摒弃坏习惯，哪怕一天只改变一点点，对自己的一生也大有裨益。

对于习惯，西方有句名言："播下一个行动，收获一种习惯；播下一种习惯，收获一种性格；播下一种性格，收获一种命运。"一个好的习惯对一个人的一生的意义是非常重大的，同样，一个坏习惯在人的一生中也是举足轻重的，甚至会让厄运从此和你纠缠在一起。

当然，习惯的养成，并非一朝一夕之事，要想改正某种不良习惯，也不可能一蹴而就。有关专家研究发现，一般人要想改掉一个旧习惯，大概需要三个星期的时间。所以你必须给自己一段时间来改掉你的坏习惯，如做事拖沓、不拘小节，甚至整天沉迷于电子游戏等等，然后以好的习惯取而代之。

不要以为一两个坏习惯没什么大不了的，习惯一旦在你身上扎根了，你想改掉都很难。反过来说，假如你用一个月的时间改掉了一个坏习惯，那么一年之内你就可以改掉12个坏习惯。这样的话，你还怕别人因为你身上存在众多缺点而讨厌你吗？

所以，为了让自己的生活更加美好，为了让更多的人喜欢你，请注意这

个生活细节：

从现在开始，把自己的坏习惯详细写下来，制订一个克服计划，争取消灭它们。

 做一做

坏习惯清单

如果你想改掉坏习惯，如果你想成为一个优秀的学生，那么就别再犹豫了。在下面这个清单中把你的坏习惯详细地写下来，制订一个克服计划。

★我的坏习惯：

_____

_____

_____

_____

★我的克服计划：

_____

_____

_____

_____

第**36**个细节
改掉坏习惯

记一记

改变好习惯比改掉坏习惯容易得多，这是人生的一大悲哀。

——毛姆

37

ZHEN XI SHI JIAN

珍惜时间

一个春天的早晨，太阳刚刚升起，喜鹊就来到了猫头鹰先生的家门口，欢快地叫着："猫头鹰先生，快起来，趁着早晨阳光明媚，练习我们的捕食本领，不要再睡懒觉了。"

猫头鹰睁一只眼闭一只眼，身体一动不动地蜷缩在巢里，懒懒地说道："是谁呀？这么早就上这儿来瞎叫，我还没有睡醒呢，我还得再睡一会儿。"喜鹊听了这话只好独自练习去了。

到中午，喜鹊又来了，一看猫头鹰虽然醒了，但还是在床上躺着。喜鹊刚要说话，猫头鹰抢着说："天还早着呢，练什么呢，还是趁早休息的好。"喜鹊说："已经不早了，都到中午了，你该开始练习捕食了。"可是猫头鹰还是不动。

太阳落山之前，喜鹊飞到猫头鹰家，看见猫头鹰刚刚起床洗脸，就对它说："天要黑了，我要休息了，你怎么才洗脸啊？"猫头鹰说："这是我的习惯，晚上饿了我才开始捕食。"

喜鹊说："这么晚了你还能捕到什么呢？"这时，天已经黑了，猫头鹰拍打着翅膀从一棵树飞到另一棵树，累得筋疲力尽，什么食物也没捕到，肚子饿得咕咕叫，但这能怨谁呢？

这是一个生动的寓言故事，它告诉我们一个深刻的道理，那就是要珍惜时间，千万不要像猫头鹰一样只会拖延时间，到最后连自己的肚子都不能填饱。古人说过："一寸光阴一寸金，寸金难买寸光阴。"昨天和今天没什么区别，今天和明天也没有什么不一样，一年四季，春夏秋冬循环往复，但是如果等到我们两鬓斑白时才想起该学的没有学，该会的没有会，该做的没有做，过去的时间已再也找不回来了。这样的人生又有什么意义呢？所以，小朋友们一定要从小懂得珍惜时间，努力学习，将来才能成为有用的人，否则就难免要"少壮不努力，老大徒伤悲"了。

可是也有一些小朋友对此不屑一顾，不就是一个小时吗？不就是一分钟吗？我们的人生难道会因这一分钟而发生巨大变化吗？那么就让我们一起来看看下面这个故事吧。

进化论的奠基人达尔文刚刚从剑桥大学毕业时，还是一个名不见经传的小伙子。在伙伴的邀请下，他参加了一次环球考察。

在"贝尔格"号轮船上，达尔文利用每一天的时间进行了大量考察，搜集了足够研究50年的标本。而大家聚在一起聊天时，他则坚持写航海日记，还与国内的科学界朋友保持着书信的联系，其中一些观点与看法还被整理为论文发表了。

五年后，这次环球考察结束了。当达尔文踏上国土时，他惊讶地发现自己已经被称为海洋生物学专家了。有人问他怎么能在海上漂泊的五年中做出那么大的成绩时，他回答说："因为我懂得如何利用每一天的时间。这些知识都是在其他人看来不起眼儿的半个小时中获得的。"

读了这个故事，小朋友有什么感受呢？是不是觉得自己平时浪费了很多时间呢？所以，如果你希望自己像达尔文那样取得惊人的成就，那就要记住：

不要浪费生命中的每一分钟，因为它们是那么的弥足珍贵！

做一做

给浪费时间的小朋友几点中肯的建议：

★给自己制订一个24小时的作息时间表。严格按照作息时间表来安排你的一切，不要因为你的不良习惯破坏了你的计划，要有一个美好的开始，这一步非常重要。

★每天晚上，对照检查。在临睡觉前，检查一下自己是否按照计划完成了所有的事情，如果没有很好地完成计划，你要查找原因，这样你会做得更好。

★没完成的事情，及时做好补救措施。

第**37**个细节
珍惜时间

记一记

一切节省，归根到底都是时间的节省。
——马克思

38

为自己培养一种兴趣

WEI ZI JI PEI YANG YI ZHONG XING QU

在读下面的文章之前，请认真回答以下三个问题：

(一) 除了学习之外，你有其他爱好吗？比如喜欢拉小提琴、画画等。

(二) 对你的爱好，你已经付诸行动了吗？

(三) 你准备把你的爱好当成像吃饭、睡觉一样每天都要做的事情吗？

如果你在回答第一个问题时，还有点儿犹豫不决，那说明你还没有发现自己的兴趣和爱好；如果你在回答第二个问题时还处在思索的阶段，那说明你的爱好只是一句口头禅而已，你并没有为此付诸实际行动；如果你在回答第三个问题时正在摇头，那说明你的爱好并非是你的真正爱好。因此，你需要重新思考，重新发现，到底什么是你真正的爱好。爱因斯坦4岁时，父亲送给他一个指南针。小爱因斯坦发现，指南针无论怎么摆放，它的指针总是指向同一个方向。这使他产生了莫大的好奇："这里面一定有什么神秘的力量在起作用！"于是他就去问别人，别人回答不出，他就自己琢磨，渐渐地开始对神秘的科学产生了浓厚的兴趣。

后来，已经在科学领域取得卓越成就的爱因斯坦，在自传中追溯自己的科学研究历程时，还专门谈了小时候这件事给他心灵带来的震撼的事。他认为，兴趣是最好的老师，它指引着自己不断地去努力探索和发现。

对未知世界的探索，可以始于兴趣，但不能止于兴趣。瑞士著名心理学家皮亚杰也曾明确地指出："所有智力方面的工作都依赖于乐趣。"有了兴趣，人们就会自觉地从事或追求自己爱好的事情。兴趣、爱好是一种爆发力很强的原动力，它使人勤奋，使人坚持不懈地做下去。

不过，兴趣是一柄双刃剑。积极、正面的兴趣会帮你走向成功，而消极、偏激的兴趣则会使你逐渐堕落，严重地影响你的学习、生活。例如，对赌博、吸毒的兴趣越大，对自己的损害也就越大。所以，兴趣并不能完全由着自己的性子来，它需要意志、志向的控制和引导。

在人生的道路上，小学生朋友一定会碰到各种各样让自己感兴趣的人和事。这时候，你就要有敏锐的判断力和坚定的意志，选择那些值得你去追求的兴趣。只有那些有益于你身心发展的兴趣爱好，才能真正助你走向成功。

所以，不要担心自己因为喜欢乒乓球而耽误了学习，也不要担心因为喜欢游泳而忘记了做作业，只要你懂得合理地利用和分配时间，你就一定会在你的爱好中饱尝乐趣，并由此而得到馈赠。因为，有各种爱好的人生才更加精彩。

做一做

我的爱好清单

请大家认真填写下面的清单，然后依照清单认真执行，从小就给自己的人生作一个详细的规划。

★我的爱好：

_____

_____

_____

★对这个爱好，我有如下行动：

_____

_____

_____

_____

记一记

我认为对于一切情况，只有"热爱"才是最好的老师。

——爱因斯坦

第4章

社交细节

    一个自信的人能赢得他人更多的微笑和认可，一个懂得合作的人能学会最大限度地发挥自己的优势和特长，一个懂得如何与他人相处的人总能在复杂的社会环境中如鱼得水，因为他们都掌握了必要的社交细节。那么你呢，是不是也要掌握一些重要的社交细节呢？

39

学做小绅士

XUE ZUO XIAO SHEN SHI

一天，仙鹤邀请麻雀去它家吃茶点。

"您真是太好了！"麻雀对仙鹤说，"从来没有人请我吃饭。"

"我是非常高兴请您的。您的茶要放糖吗？"仙鹤递上一罐糖给麻雀。

"好啊！"麻雀边说边把半罐糖倒进了它的杯子，另一半都洒在了地上。

"我几乎没有朋友！"麻雀又说。

"您的茶里要放牛奶吗？"仙鹤又问道。

"要，要！"麻雀说着又倒了一半牛奶在杯子里，其余的全泼在桌子上了，把桌子搞得一塌糊涂。

"我等啊等啊，没有一个人来请我。"麻雀又接着说。

"您要小甜饼吗？"仙鹤又问道。

"小甜饼吗？要的！"麻雀说着拿起小甜饼就往嘴里塞，饼的碎屑洒了一地。

"我希望下次您再请我来。"麻雀一边吃一边说。

"或许我会再请您的，不过这几天我太忙了。"仙鹤说。

麻雀走了以后，仙鹤又是摇头又是叹气，它无可奈何地收拾着一片狼藉的餐桌。

可想而知，下次仙鹤是不会再请麻雀来吃饭了！一个不讲礼仪、行事粗鄙的人是永远不会受欢迎的。

礼貌是拉近自己和他人的一座桥梁，懂礼貌的人容易被别人接受，成为一个受欢迎的人。一个人不管他多么有能力、口才多么好，一旦他的行为举止表现得粗俗、唐突、野蛮、不合时宜，他自身的形象就会大打折扣，没有人会信服他、尊敬他。

所以，我们要掌握一些基本的文明礼貌知识，做一个人人夸奖的懂礼貌的孩子。

第一，打断别人的谈话是不礼貌的。和别人——不论是老师、家长还是同学在一起的时候，要多听少说。在倾听对方说话的时候，要注视对方，保持目光接触，不要东张西望。

第二，说粗话是一种不文明的行为。一个人人夸奖的好孩子一定不会说粗话，因为说粗话是一种很不文明的行为，它直接影响着个人形象。

第三，面带微笑，主动和他人打招呼。走在路上或在公共场所，遇见老师、邻居、同学等相识的人，应该主动打招呼，问候致意。

第四，公共场所礼貌不可不知。在图书馆、阅览室等公共场所学习的时候，要注意整洁，遵守规则。

大家要学习的文明礼貌知识还有很多，这里就不一一讲述了。需要注意的是，我们身边的每一个人都喜欢和彬彬有礼的人相处。因此，如果你希望自己成为一个有礼貌的人，那就要做到：

礼貌待人，做一个人人夸奖的好孩子！

学一学

十种受人欢迎的文明礼貌行为：

以下是十种大家公认的文明礼貌行为。对照一下，你做到了多少？

★尊重他人的财物，不要擅自拿别人的东西。

★尊重他人的权益，不霸占或毁坏公物。

★服从老师和家长的教导和指示。

★守时不迟到。

★让座给有需要的人。

★接受别人的关心和帮助后说"谢谢"。

★排队守规矩，不插队。

★尊重别人的感受，不愚弄、欺负和排挤别人。

★犯了错误后要勇于说"对不起"。

★进食时注意自己的礼貌和仪态。

记一记

【原文】

　　德行广大而守以恭者荣。

【译文】

　　品德高尚的人能保持谦逊有礼，就会永远立于不败之地。

　　——（汉）刘向《说苑·法诫》

40

做一个自信的人

在这个世界上，通常有两种人，一种人积极向上，斗志昂扬，做任何事情都能成功；还有一种人垂头丧气，整天跟在别人后面走，生怕自己走错了路，做起事情来却没有一件成功的。对比一下，小学生朋友，你属于哪种人？

不管你属于哪种人，有一个事实你要清楚：这个世界上没有十全十美的人，即使是那些已经取得非凡成就的成功人士，也有一些缺点或者缺憾。他们优秀的原因很简单，除了自己不懈努力外，就是自信。

　　有一个名叫彼得的孩子从小双目失明，那时候他还不知道失明意味着什么。当他渐渐长大后，知道自己将永远看不到世界，十分沮丧，他感到自己的未来很渺茫，总觉得自己不如别人。

　　在悲伤心情的影响下，他把别人的关怀都看成是对自己的怜悯和同情，就这样，他的生活很少有阳光。

　　直到有一天，莱恩神甫告诉他一句话："世上每个人都是被上帝咬过一口的苹果，都是有缺陷的。有的人缺陷比较大，因为上帝特别喜爱他的芬芳。"

　　从此，彼得开始把失明看做是上帝对自己的特殊钟爱，开始振作起来。若干年后，他成了当地著名的盲人推拿师，他的名字被人们广为传颂。

　　彼得是身体有缺陷的孩子，他不能像正常人那样看到美丽的风景。刚开始的时候，他对自己失去了信心，悲观地认为自己的世界会一直黑暗下去。当他听了神甫的话后，深受启发，认识到自己并不是一个被丢弃的孩子，应该勇敢地振作起来。重新找到信心的彼得最终成为一个对社会对世界有用的人，度过了有价值的人生。

　　其实，在我们的生活中，还有许多像彼得这样的人，他们虽然眼睛看不见，或者不能走路，或者不能说话，但是这些勇敢的人始终相信自己的能力，他们奋斗着，甚至取得了比健全的人更出色的成绩。这些人的实例不正印证了我们经常说的"是金子总会发光"的道理吗？

　　虽然我们每个人身上都有一些不足之处，但你要相信你就是那闪闪发亮的

"金子"，你要永远相信自己是最棒的。

当然，需要提醒大家的是，自信不是盲目的乐观，更不是骄傲。那种虚无缥缈的自信是建立在周围的人不如自己的基础上的，一旦有人超过自己，而自己无法再保持领先地位时，自信心便会轰然倒塌。

所以，如果你想过一种阳光灿烂的日子，如果你想结交更多的朋友，那就记住：

抛开心灵上自卑的枷锁，主动走向阳光，用行动证明自己的能力。

做一做

增强自信的几种方法：

★坐在教室的前三排。专家调查发现，喜欢坐在教室后排座位的人，都希望自己不会"太显眼"。而他们怕受关注的原因就是缺乏自信。

★把你走路的速度加快25%。一般来说，走起路来比一般人快的人都有超凡的自信。

★打破沉默，学会当众发言。不论是参加什么活动，每次都要主动发言，也许你的发言并不是最好的，但你已经实现了自我突破。

★经常用肯定的语气说话可以消除自卑感。如"我相信我能行的"、"我一定能做好这件事"等。

第**40**个细节
做一个自信的人

记一记

任何人都应该有自尊心、自信心、独立性，不然就是奴才。

——徐特立

41

献一点爱心给他人

XIAN YI DIAN AI XIN GEI TA REN

　　从小到大，小学生朋友肯定读过不少有关"助人为乐"的故事，可是读那么多助人为乐的故事对自己有什么帮助呢？不管你有没有思考这一问题，下面的这个故事你一定要读，因为它能告诉你为什么猫头鹰没有朋友。

　　一天，上帝派人把猫头鹰叫来，给了它各种各样的眼睛，叫它去分给所有的鸟类。

　　猫头鹰是个自私自利的家伙，它先挑了两个最大的、自己认为最好的眼睛藏起来，然后才将余下的眼睛分给了其他的鸟儿。

所有的鸟儿都安上了眼睛，大家个个称心如意，又跳又唱，高兴得不得了。可是猫头鹰的眼睛太大了，和头的大小极不相称，一安上去，整个脸形都变了，看上去反而显得很丑。其他的鸟儿见了，都忍不住笑起来，说："猫头鹰你怎么变成这样了？"

猫头鹰又羞又恼，但事已至此，已经无法挽回了。结果，它只好白天躲在家里睡觉，到了晚上等其他的鸟儿都睡着了，才敢跑出来找点儿东西吃。渐渐地，它的朋友越来越少，再也找不到快乐了。

是呀，猫头鹰这样自私自利，怎么可能会有朋友和快乐呢？在这个世界上每一个快乐健康的人，都有一颗善良的爱心。他们总是在帮助别人的过程中收获好人缘，而不会像猫头鹰那样自私。

如果你总是抱怨你身边的朋友很少，如果你正在为自己发愁，如果你习惯于心安理得地享受别人给你的帮助，那你就要好好反省一下自己，是不是该多付出一点儿，该尽力去帮助他人呢？要知道，帮助别人也就是帮助自己。只有付出爱心，才会收获爱。只有互相帮助才能和睦相处，所有充满爱心的人都会受到人们的喜欢和尊重。

第41个细节
献一点爱心给他人

唉，我真不应该把这对大眼睛藏起来啊。

所以，如果你想让自己的生活充满爱和欢笑，希望喜欢你的朋友越来越多，就一定要记住：

奉献一点爱心给他人，主动伸手帮助他人，播撒爱的种子吧。

记一记

一个小人物的救助永远是一种伟大的救助，最伟大的因素正是由于他的渺小。

——威廉·詹姆斯

学一学

播撒爱心种子的几种方式：

★播撒爱心，首先从帮助自己身边的人做起，帮助自己的爸爸妈妈、兄弟姐妹、左邻右舍等。

★把同学看做自己的亲人。每个同学在家里都有父母照顾，到学校就只能互相照顾了，大家应该像兄弟姐妹一样互相帮助。

★把你的零花钱捐给希望工程，至少可以给那些渴望知识的孩子买一本书；把你衣橱里很久没穿的衣服捐出去，至少可以让一个贫穷的孩子少受寒冷的折磨。

★你可以用你想到的任何一种方式去帮助别人，总之，你帮助的人越多，你就越快乐。

42

学会倾听

　　古时候，有个小国派使者到中国来，给中国进贡了三个一模一样的金人。这三个金人金碧辉煌，皇帝看了特别高兴。可是小国使者却给皇帝出了一道题目：这三个金人哪个最有价值？皇帝想了许多办法，请来珠宝匠检查、称重量、看做工，结果发现三个金人是一模一样的。怎么办？皇帝急坏了，小国使者还等着回去汇报呢。泱泱大国，不会连这个小问题都解决不了吧？

　　最后，有一位老臣禀报说他有办法。皇帝一听乐坏了，急召老臣到大殿来，同时将小国使者也请到大殿。只见老臣胸有成竹地拿来三根稻草，他将第一根插入第一个金人的耳朵里，稻草马上从另一边耳朵出来了；接着把第二根稻草放入第二个金人的耳朵，稻草马上从金人的嘴巴里直接掉出来；当老臣把第三根稻草放入第三个金人的耳朵之后，稻草掉进了金人的肚子里，什么响动也没有。老臣解释说："第三个金人最有价值！如果一个人不能耐心听他人讲话，左耳朵进右耳朵出，或者这边听了别人的谈话，那边就给传出去了，这样的人实在不是个有价值的人。"老臣还说："最有价值的人，不一定是最能说的人，而是那些能够耐心听他人讲话的人。"

小国使者默默无语，信服地点了点头。

耐心倾听他人说话，是一种尊重他人的行为，也是一个人有良好修养和谦逊美德的体现。上天给我们两只耳朵一张嘴，本来就是让我们多听少说的，善于倾听，才是一个成熟的人的基本素质。因此，我们从小就要养成耐心倾听他人讲话的好习惯，这既是一种教养好的表现，也能让我们获得好人缘。

认真倾听他人说话，首先必须待人真诚。一个谦虚有礼、能够静静地坐下来聆听别人意见的人，是一个心胸宽广、待人真诚的人，这样的人自然也会受到别人的尊重。在倾听别人说话时，眼睛要看着对方，上身可以微微地向对方倾斜，以全身投入的姿势表达你在入神地听对方说话。即使别人的话你不是很感兴趣，也要耐心地听人把话说完。或者，你可以巧妙地引导对方转移话题，但千万不要粗暴地打断对方，或表现出厌烦的情绪。如果对方说得不对，也不要急着去纠正对方。在别人说话时急切地指出对方话中的过错，是最让人难堪和反感的。

第三个金人最有价值，因为它善于聆听。最有价值的人，不一定是最能说的人，而是那些能够耐心听他人讲话的人。

下次，当你和你的同学间有什么矛盾时，请记住这个化解矛盾、与好友重归于好的细节：

闭上嘴巴，竖起耳朵认真听！

第**42**个细节
学会倾听

记一记

倾听是一种习惯，是对人的一种礼貌，更是一门艺术。

——佚名

做一做

注意倾听他人说话：

★倾听他人说话，是尊重他人的表现，同时也能得到他人的尊重。

★仔细倾听他人的讨论。不要因为心里想着事情就忽略他人的讨论，因为很可能此时焦点早已转移到其他新议题了。因此，应眼到、心到、耳到，积极参与讨论。

★倾听他人陈述或表达意见时，避免不当的肢体语言。例如突然双手交叉摆在胸前并且往后退，这代表你正抗拒或不同意他人的观点。

43

每天都要微笑

MEI TIAN DOU YAO WEI XIAO

　　微笑，是一笔财富，拥有它的人，在艰难困苦的日子里依然会怡然自得；而鄙弃它的人，在春风得意的时候也会郁郁寡欢。用微笑与他人打招呼，是一种极其自然、舒服的交流方式。它会直抵人的内心，在一瞬间化解彼此的陌生感。

　　人际关系大师戴尔·卡耐基有句名言：行为胜于言论。对人微笑就是向他人表明："我喜欢你，你使我快乐。"因此，如果你觉得你的人缘不好的话，那原因只有一个，就是你忘记微笑了。为什么要忘记微笑呢？连小蜗牛都知道微笑。

森林里的动物们都是好朋友，小鸟为朋友唱歌，大象为朋友盖房子，小兔为朋友送信……小蜗牛很着急，它只能在地上慢慢地爬，别的什么也做不了。

小兔走过小蜗牛的身边，小蜗牛向着小兔微笑。小兔说："小蜗牛，你的微笑真甜。"小蜗牛想："对呀，我可以对朋友们微笑。"小蜗牛又一想，"可是，怎样让朋友们看到我的微笑呢？"

小蜗牛想出了好办法。第二天，它把很多信交给小兔子，小兔子把信送给了森林里的朋友们。朋友们拆开信，信里是一张画，画上的小蜗牛正在甜甜地微笑。森林里的朋友们也都微笑起来，它们说："小蜗牛真了不起！它把微笑送给了大家。"

是呀，为什么不微笑呢？不管此刻你正面对怎样的困难，只要你学会微笑，你就会发现，原本在你心头挥之不去的不快都会烟消云散。

纽约一家大型百货商店的人事部经理在招聘员工时，提出了一个让人耳目一新的概念：我宁愿雇用一个小学未毕业的女职员——如果她有可爱的微笑，而不雇用一位面孔冰冷的哲学博士。

所以，无论你是重逢老朋友还是结识新朋友，只要不忘记微笑，你就能领悟友爱和尊重，就能挥别生活中令人窒息的不良情绪，你的周围必将充满温情和友善！

大家都互相帮助，只有我什么都做不了，怎么办呢？

我可以把微笑送给大家啊。

啊，小蜗牛的微笑真让人心情愉快！

那么，还犹豫什么呢?

每天都向自己和他人展露你灿烂的笑容吧!

做一做

微笑有益身心健康：

★人的五官和脏腑是相联系的，一旦人的表情放松了，脏腑也就放松了，因而微笑有疏通气血的作用。"笑一笑，十年少"就是一个很好的例子。

★微笑能使心理得到放松。比如看病的时候，如果医生慈祥一点儿，多说一些鼓励、安慰的话，再加上一点点微笑，病人的痛苦就会减轻不少。

★微笑对待世界，会得到更多的机会。如果大家都以真诚的微笑对待别人，感化别人，很多事情就好办多了。

第**43**个细节
每天都要微笑

记一记

当生活像一首歌那样轻快流畅时,笑颜常开乃为易事；而在一切事都不妙时仍能微笑的人,才活得有价值。

——威尔科克斯

真诚地欣赏别人

ZHEN CHENG DE XIN SHANG BIE REN

在这个世界上，根本没有十全十美的人，同学或者朋友的身上存在一些缺点那是很正常的，因为我们自己也有这样或那样的缺点。但是，瑕不掩瑜，我们要学会从整体上看待一个人，欣赏并学习同学或朋友的优点，对于那些小缺点，要帮助他改正，并告诫自己也不能有这些缺点。如果你揪着他人的毛病不放，肯定是交不到真心朋友的。一起来看看花花和点点的故事吧。

狐狸花花和小狗点点住在一个院子里。多年来，狐狸花花总是不断地指责对面的小狗点点懒惰，它对每一位来访的朋友都说："那个点点啊，衣服总是洗不干净，你看，它晾在外面院子里的衣服，总是斑斑点点的。唉，我真的不理解，它怎么连洗衣服都会洗成那个样子，实在是太懒惰了……"

直到有一天，明察秋毫的山羊朵朵来到狐狸花花家，狐狸花花又开始批评小狗点点了。山羊朵朵没有答理，而是拿了一块抹布，把狐狸花花窗户上的灰尘抹掉，然后说："你看，这不就干净了吗？"

原来，不是对面小狗点点的衣服没有洗干净，而是狐狸花花自己家的窗户太脏了。

人都是透过心灵的窗户来看世界的，只有保证自己的窗户明亮，才能看到最清晰的世界。周围的人不可能都合你的意，你也不可能喜欢一个人的所有。如果能够学会发现对方的优点，忽略对方的缺点，用欣赏的眼光看待别人，那你自然会交到很多朋友。

当然，可能有的人会发出这样的疑问：如果明明看到一个满身都是缺点的人，也要我去称赞他，我做不到。如果你这样想，那你就错了。赞美不是谄媚与迎合，也不是人云亦云；我们不是轻易地赞美别人，而是对那些与我们意气相投

的人，对值得我们钦佩的人或者刚结识的朋友，我们要毫不吝啬地去赞美他们。

赞美不是虚伪，而是以爱为出发点。它要求你用真诚的

第**44**个细节
真诚地欣赏别人

记一记

礼貌使有礼貌的人喜悦，也使那些受人以礼貌相待的人们喜悦。

——孟德斯鸠

心去发掘他人的优点，进而赞美他。赞美是一门大学问，它不仅能融洽你与他人的关系，而且能使你的心情舒畅、性格开朗。如果你想让自己有好人缘，如果你希望自己变得更加开朗、快乐，那么请记住：

经常发自内心地、由衷地赞美他人。

学一学

每天多说赞美的话，能让一个人轻松、愉快地度过新的一天。在这里，列举了一些赞美的话，大家可一定要记得说啊！

★你写的字真漂亮！

★你这身衣服搭配得真好！

★你竟然考了这么高的分数，真棒！我要向你学习！

★你的演讲实在太精彩了！

★今天晚上的表演很成功，祝贺你！

……

45

锻炼自己的口才

DUAN LIAN ZI JI DE KOU CAI

　　新学期第一天，小杰就像霜打的茄子一样——蔫了。原来老师为了增进全班同学的感情，决定在这个星期六举行一次班级联欢会，要求每位同学都带一位家长参加。

　　这是好事啊，对学习和生活都很有帮助。但是，小杰却一点儿也不高兴，因为老师还要求每位同学都要在讲台上作一个小小的演讲。这一下，可把小杰急坏了。因为他的性格比较内向，平时开口说话已经很难为情了，还要演讲，也难怪小杰会有点儿郁闷。

在生活中，能够在别人面前把自己的想法表达清楚，是十分重要的能力。因为人类的语言是交流思想感情的最有力的工具，流畅的语言表达能力可以准确地把自己的想法或感情传达给别人，让别人了解、理解你。

有不少小学生平时和朋友聊天的时候十分健谈，可是一到正式的场合，或者在很多人面前，或者在陌生人面前，他们就开始紧张了，身体发抖，满头大汗，一直低着头，说话结结巴巴。明明是经过准备的，一到台上，就变得语无伦次。这种情况真的很令人尴尬。

然而，有一个事实你必须清楚：良好的语言表达能力并不是天生的，它是可以通过训练获得的。美国前总统福特初登政坛时，讲话总是结结巴巴，让人听起来很不舒服，甚至还有人戏称他为"哑巴运动员"。

古希腊雄辩家德摩斯梯尼小时候说话也不流畅，但他经过不懈的努力，甚至把小石子含在嘴里，对着咆哮的海浪练习说话，终于成为世界上最著名的演说家。

因此，不要怀疑你的语言表达能力，只要你相信自己，勇敢地去攻克自身的难题，你还怕自己不能语言流畅吗？下面，给你提几个建议，希望所有向往一流口才的小学生朋友能好好地领会，并付诸行动。

第一，你一定要对自己有信心。

第二，要想在演讲台上有出色的表现，你应该作好充分的准备。

第三，你平时还要注意一些说话的技巧。比如，说话速度可以放慢，

说话要简洁有力，不要啰唆。

第四，抓住一切机会锻炼自己的表达能力，最好是多在公共场合大声地说话，作演讲。

总之，如果你想有出色的口才，请记住这一细节：

抓住一切机会锻炼自己的语言表达能力，使自己成为一个演讲高手！

第**45**个细节
锻炼自己的口才

说一说

白塔

白石造白塔，
白塔白石搭。
层层白石搭白塔，
白塔层层高又大。
高高白塔入白云，
白云上面有白塔。

做一做

教你几个获得好口才的秘诀：

★镜子练习法。许多人说话之所以结巴，重要原因是自卑感在作祟，担心自己讲不好。这时，你就需要巨大的勇气和胆量来克服你的自卑。平时，你可以借助对着镜子演讲这一方法来锻炼你的口才。

★多讲多问法。你可以鼓励自己在课堂上踊跃发言，积极参加学校里举办的朗诵会、演讲会、讨论会等，这些都可以提升你的语言表达能力。

★博览群书法。利用各种途径扩大自己的知识面，增加自己的知识储备量。这一点在作演讲时经常用到，它会教你如何作好准备，充分熟悉要演讲的内容。

46

积极参加竞选

JI JI CAN JIA JING XUAN

　　"要我竞选班干部，我才不干呢。整天为老师和同学跑腿儿，多浪费学习和玩乐的时间呀！"李佳同学一听说竞选班干部这个建议就很不乐意。

　　有同学提出不同意见，丁丁是这样说的："要我当班干部也可以，但不能竞选，要老师指定。如果自己没有竞选上，那多丢人呀！"

　　但是，老班长张伟却不这么认为。

　　张伟同学仍记得自己第一次参加竞选时的情景，虽然落选了，但他并没有因此而丧失信心，相反，他更加努力学习了，还积极地参加各种活动，主动和同学交流，帮助同学解决学习和生活中的各种困难。看起来，这个不是班长的同学在某些方面还胜过了班长。第二个学期，新一轮班干部竞选时，张伟顺利地当上了班长。这次，当同学们问他当班干部有什么感想时，他说："多亏参加了上个学期的竞选，要不然今天当班长的肯定不是我。"

　　的确，你可别小看这一次竞选，它是人生中的重要转折点。参加一次竞选，可以让胆小懦弱的你变得无比勇敢，知道任何失败都只是暂时的。如果你落选，只说明你有些地方不如别人，它会更加激发你的热情，督促你不断地完善自己。当一回班干部，让一个连自己都管不好的人能管好自己，管好班级，最大程度地培养一个人的交际能力、管理能力和协调能力。谁能保证在今后竞争激烈的社会里这不是一个铺垫呢？谁能保证在你以后的人生路上不会用到这些呢？

所以，如果你希望长大以后能更好地适应这个社会，如果你希望自己不会被埋没在众多的人才中，那么，就请试试：

学会自我推荐，争当班干部，培养自己的竞争意识。

做一做

培养竞争意识的有效途径：

★找一个比你成绩稍微好一点儿的同学做朋友，让他做你学习上的目标。

★积极参加各种文艺、娱乐活动，在活动中培养自己的各项能力和竞争意识，让自己不落后于他人。

★竞选班干部。这是最具有挑战性的一件事情。

第**46**个细节
积极参加竞选

读一读

唯一能持久的竞争优势是胜过竞争对手的学习能力。

——盖亚斯

47

拥有积极的心态

YONG YOU JI JI DE XIN TAI

　　每个人降生时发出的第一声一定是啼哭。至于婴儿们为什么要哭而不是笑，智者是这样解释的：上天希望每一个生命降临时，都用第一声啼哭来换取一辈子的乐观和快乐，即使是遇到烦恼时，也能用积极的心态去化解烦恼，承载快乐。

　　然而，人的一生总会遇上这样或那样的挑战，还会碰上一些不如意的事情，但是有些人能以一种乐观积极的态度去面对，有的人却从此悲观失落，好像世界末日就要来临似的。事情真有那么严重吗？

　　从前有一个智慧大臣，他有一个不同寻常的特点：对待任何事情，他都保持积极乐观的心态。正是由于持有这种态度，他为国王解决了不少难题，因而深受国王的器重。

　　国王打猎时，不慎弄断了一截手指。智慧大臣对国王说，这是一件好事，并劝国王不要为此事而烦恼。

　　国王听了很生气，认为智慧大臣是在取笑他，便命侍卫将大臣关到监狱里。待断指伤口愈合之后，国王又兴致勃勃地忙着四处打猎。不幸的事终于发生了，他带队误闯邻国国境，被埋伏在丛林中的野人捉住了。

　　按照野人的惯例，必须将活捉的这队人马的首领敬献给他们的神，但是由于国王断了根手指，野人认为不吉祥，因此国王死里逃生，安全地回到了自己的国家。

　　直到这时，国王才理解了智慧大臣的意思，他大大奖赏了智慧大臣，并从此也变成了一个乐观的人。

　　这真是一个充满奇迹的故事。不幸接二连三地发生，但智慧大臣总能用他平和的心态乐观积极地对待，从而感染了国王，让国王也能从不幸的阴影中走出来。可见，乐观积极的态度对一个人以及这个人周围的人都有很大的影响。

　　乐观积极的态度在人生中担负着极为重要的责任。每一段人生都会有坎坷，每一条路都会有曲折，每爬一座山都会很艰难，如果你因此而止步，那你只能为后来者让路。

　　只要你用心去感受，就会发现，生活中乐观的理由每时每刻都在产生。比

第47个细节

拥有积极的心态

◎ **记一记**

乐观者于一个灾难中看到一个希望，悲观者于一个希望中看到一个灾难。

——英国谚语

如，在电梯门将要合拢时，有人按住按钮为了让你赶上；雨夜回家时，发现门外那盏坏了很久的路灯今天又亮起来了。诸如此类的生活细节，都可以作为乐观积极的理由，因为这是生活送给你的礼物。

想尽一切办法，让自己变得乐观积极起来吧！

做一做

告诉你几个保持乐观情绪的方法：

★学会爱别人，积极去帮助他人，向他人显示你的信心，并把信心传递给他人。

★少发一些牢骚，多一些宽容。尽量用平和的心态对待周围的一切。

★做事情不拖延，多参加有益的文娱活动。如参加学校的体育比赛等，开阔自己的视野。

★多看一些幽默的漫画书，培养自己的幽默感，让自己尽可能地用乐观的态度对待事情。

48

HE XIAO DONG WU ZUO PENG YOU

和小动物做朋友

　　有很多人养宠物都喜欢养小狗，因为狗是人类最忠诚的朋友。一旦你与它成为朋友，它会全心全意为你服务，把你当成最好的朋友，不仅分享你的快乐，在你不开心的时候，它也会默默陪伴你，分担你的忧愁。

　　狗还是宽宏大量、无私无畏的朋友。它从不会计较你烦躁时的坏脾气，对你的错怪，它也只是默默承受。而你对它的一点点爱抚，它却深记心底，以加倍的忠诚来回报。

除了狗，还有很多动物身上也有值得我们学习的地方。就拿动物孝敬父母来说吧，骆驼长途跋涉后休息时，老骆驼不必自己梳洗，自有小骆驼亲昵地为它舔毛，直到它满意为止；羚羊不敢慢待长者，在群体休息时，只要有一只老羚羊站着，小羚羊们就不敢躺下；母墨鱼生下小墨鱼后，双目会暂时失明，小墨鱼便侍奉在它的左右，争先恐后地为它寻食，表达自己的孝心，直到它眼睛复明为止。

动物，作为人类唯一的亲近的朋友，和我们一起拥有地球这个共同的家园。生命对我们人类来说只有一次，对于动物来说也只有一次。为了大自然的和谐，为了我们人类更美好的明天，我们应该和动物友好相处。收留流浪的小动物，带动物出去散步，给小动物洗澡，保护动物等，都可以使人与动物之间的关系变得密切，而我们自己也会因此而变得感情细腻，人生也变得丰富起来。这样，当我们与其他人相处时，也会更加融洽。

因此，我们从小就要做一个心地善良、富有感情的人，不仅要爱我们身边的亲人、朋友，也要关心和爱护每一只小鸟、每一只小狗，让它们能够自由自在地生活，让我们共同的家园更加美丽和温暖。

养一只小动物，和它做好朋友，是播撒爱心、获得好人缘的开始。

学一学

在这里，给爱养动物的小朋友支几招，大家一定要注意看啦！

★初次接触动物，要注意自身的安全，一旦被动物抓伤或者咬伤，要及时去医院打疫苗。

★如果家里已经养动物了，请及时给动物洗澡，做好清洁工作。及时给动物打预防针，防止疫情发生。

★如果时间不允许，可以到动物园认养一只动物，利用节假日去动物园喂养它。

第**48**个细节
和小动物做朋友

记一记

一个对动物残忍的人，也会变得对人类残忍。

——托马斯·阿奎纳

学习团结合作

XUE XI TUAN JIE HE ZUO

关于合作，我们所熟悉的雷锋叔叔是这样理解的："一朵鲜花打扮不出美丽的春天，众人共进才能移山填海。"的确，一个人想要步入社会并取得成功，最关键的还是靠能力。而与他人合作是一个人生存和发展的最基本、最重要的能力，但遗憾的是这个细节却被很多人忽视。

在这个世界上，个人的力量再强大，也总是显得单薄，无法战胜艰难的困境。而团结与合作却能够聚集强大的力量，完成个人所不能完成的事情。有这样一个故事：

　　一个老人有七个儿子，但他们总是不和，经常为了这样或那样的小事争吵。一些坏人想挑拨七兄弟的关系，以便等到他们的父亲死后可以骗取他们的财产。

　　老人知道了这个阴谋，他决定在自己离开人世前给儿子们好好上一课。一天，老人把七个儿子都叫到跟前，指着放在他们面前捆在一起的七根木棍说："谁能把这捆儿木棍折断，谁就能得到我的遗产。"

　　每个人都想得到老人的遗产，都使出了全身的力气去折那捆儿木棍，但没有一个人能把这些木棍折断。

　　"孩子们，其实要折断这些木棍很简单，我现在老了，但是即使像我这样的人都能折断这些木棍。你们看！"老人说。然后他将木棍捆儿打开，很轻松地将它们一根一根地折断了。

　　老人接着说道："我的孩子们，其实你们就像这些木棍，只要你们团结在一起，互相帮助，你们就会很强大，任何人都不能伤害你们；但是如果你们分开，任何人都能把你们一个一个地折断。"

　　儿子们终于明白了父亲的良苦用心，七双手紧紧地握在了一起。看到儿子们这样团结，老人放心地笑了。

　　在这个故事里面，老人用心良苦，只为让自己的孩子们能够团结合作，互相帮助。因为只有团结合作，才能产生强大的力量。

在2006年召开的全国政协会议上，国家主席胡锦涛特别提出了"八荣八耻"，其中有一条是这样说的："以团结互助为荣，以损人利己为耻。"也就是说，我们共同生活在一个大家庭中，想要共同发展，共同进步，就要每一双手紧握在一起，这样才能走向辉煌。损人利己、钩心斗角的行为都是不可取的，那是一种莫大的耻辱。

学会生活，必须先学会合作。无数事例证明，一个懂得合作的人，更容易适应这个社会，并发挥积极的作用；而不懂合作的人在生活中会遇到许多麻烦，产生更多的困难并无所适从。

因此，小学生朋友想在以后的人生路上充分地施展自己的才华，踏上成功之路，就必须注重这个细节：

以开朗、乐观、积极的合作态度做基石，与朋友、同学甚至陌生人和谐地相处，培养自己的合作意识。

做一做

教你几招合作技巧：

★ 向他人请教是交朋友的第一步。这是很多人都尝试过而且十分有效的妙招。

★ 凡事要想到别人，培养慷慨大方的气度。

★ 学会换位思考。如果别人遇到困难，你不愿意帮助他时，设想一下，如果是自己遇到了困难，是不是希望别人帮忙，会不会从心里感谢帮忙的人？

★ 多参加集体活动。因为集体活动都非常有利于培养我们的团队精神与竞争能力。

第**49**个细节
学习团结合作

记一记

一滴水只有放进大海里才永远不会干涸，一个人只有当他把自己和集体事业融合在一起的时候才最有力量。

——佚名

50

警惕危险，懂得自我保护

每天清早，鸭姐妹总是顺着大路摇摇摆摆地走向池塘去游泳。

这大早上，鸭姐妹看见一只狐狸坐在路边的一根木头上。

"早晨好，鸭小姐。你们是去池塘游泳吧？"

"对啊，我们每天都要走这条路呢！"鸭妹妹说。

"真的吗？有意思。"说着，狐狸露出尖尖的牙笑了笑。

第二天，太阳升起了。

鸭姐妹还是沿着老路摇摇摆摆地向池塘走去。半路上又碰到昨天那只狐狸，它仍旧坐在木头上，不过手里还拿着一个麻袋。

鸭姐妹见事不妙，"嘎嘎嘎"地叫着，扇着翅膀飞也似的逃回了家。

第三天，为了稳定一下情绪，鸭姐妹待在家里没有出去。第四天，它们小心谨慎地找到了一条能安然无恙地到池塘去游泳的路。

单纯而善良的鸭姐妹险些中了狐狸的诡计，要不是狐狸过早地露出了它的尾巴，后果简直不堪设想。

后来鸭妈妈告诫它们："无论是待人还是处世，千万不能被事物的表面现象所迷惑，对那些像极了绅士的狐狸们，更应该提防。"

在我们的生活中，有时也会出现像故事中的狐狸那样的坏人，那些坏人往往

不会直接表现出他们丑陋的本质，而是用迷人的微笑、甜言蜜语或物质报酬等诱惑人。如果我们缺乏警惕意识，就很容易上他们的当，后果会不堪设想。

在现实生活中，除了那些伪装的坏人外，还有很多"生活杀手"，稍微不注意就可能对自己造成伤害。因此，我们应该在日常生活中培养自己的安全意识，掌握一些基本的常识，学会自我保护。

首先，要掌握一些自我保护常识。比如：要记一些常用的特殊电话，如110、119、120等；掌握一些逃生自救的方法，如止血、简单地护理伤口、人工呼吸等。

其次，要学会正确对待陌生人。当独自行走遇到陌生人搭话时，必须保持警觉和镇定；当陌生人给你食物时，坚决不吃；当独自在家时，不要轻信陌生人的话，不要随便开门；当

接到陌生人的电话时，要问清对方是谁、找谁，不要将自己的姓名和父母不在家的情况告诉对方。

最后，要懂得自护自卫的方法。自护自卫对每个小学生来说都非常重要，这些常识将让你尽可能地减少不必要的伤害。如不要从高处往下跳，有人纠缠时要跑向人多处并大声呼救，遇到坏人要运用智慧设法逃脱，并记住坏人特征，以便报警等。

以上所述，只对小学生自身的安全问题作了一个总体的概括，最关键的一点还是我们自己要注意：

增强自我保护意识，并时时刻刻保护好自己。

做一做

教你几种自我保护法：

★行走时，不以跑代走，以防跌倒或碰撞。如有急事可快步走，注意来往行人车辆。

★遇到坏人向你索要钱财时，要留心坏人的特征，尽量拖延时间，巧用计谋，找机会逃走报告老师或家长，也可向路人求救。看到同学被威胁利诱，随行同学应主动及时地向老师或家长报告。

★遇到电线断头，切不可随意拉、拔。不熟悉的电器不乱摸，以防危险。

记一记

少年儿童，祖国明天。
日常言行，理应检点。
横过马路，礼让当先。
绿灯可行，红灯当停。
生人诱惑，切莫轻信。
歹徒害人，诡计多端。
电力设施，切莫乱攀，
万勿乱摸，引发祸端。
生活恶习，赌博吸烟，
既害身心，又讨人嫌。
关爱你我，亲密无间。
立报国志，做新少年。